进化
做懂数据的营销人

于勇毅 ◇ 著

電子工業出版社
Publishing House of Electronics Industry
北京·BEIJING

内 容 简 介

本书是一本紧密围绕实战需求，旨在帮助读者快速入门营销数据领域的专业图书。

本书系统梳理了营销数据的运营逻辑，从源头追溯到数据的管理与应用；为企业量身定制构建营销数据能力的实操指南，助力突破数据困境，抢占市场先机；搭配30个真实且典型的实战案例，将数据如何发挥效能直观呈现，让理论落地生根；更点明数据合规原则，为企业合法合规运用数据保驾护航。

无论是在营销一线摸爬滚打、渴望借数据之力实现突破的营销从业者，还是怀揣营销梦想、即将踏入职场的高校学生；无论是对数据在营销领域应用满怀好奇、想拓宽职业边界的IT从业人员，还是专注于营销理论研究、急切希望将理论与实践深度融合的学者，本书将成为你的专属挚友，为你推开营销数据世界的大门。

未经许可，不得以任何方式复制或抄袭本书之部分或全部内容。
版权所有，侵权必究。

图书在版编目（CIP）数据

进化：做懂数据的营销人 / 于勇毅著． -- 北京：
电子工业出版社，2025. 4. -- ISBN 978-7-121-49795-7
Ⅰ．F713.365.2
中国国家版本馆 CIP 数据核字第 2025HM7617 号

责任编辑：张　楠
印　　刷：中国电影出版社印刷厂
装　　订：中国电影出版社印刷厂
出版发行：电子工业出版社
　　　　　北京市海淀区万寿路173信箱　邮编：100036
开　　本：720×1 000　1/16　印张：13.5　字数：259.2千字
版　　次：2025年4月第1版
印　　次：2025年4月第1次印刷
定　　价：65.00元

凡所购买电子工业出版社图书有缺损问题，请向购买书店调换。若书店售缺，请与本社发行部联系，联系及邮购电话：（010）88254888，88258888。

质量投诉请发邮件至 zlts@phei.com.cn，盗版侵权举报请发邮件至 dbqq@phei.com.cn。
本书咨询联系方式：010-88254579。

作者简介

于勇毅，营销科学家，曾任巨量引擎营销科学和思想领导力市场负责人，拥有 20 年的数字营销经验，先后在 IBM、电通美库尔、秒针系统及抖音集团等机构任职，并作为外部专家为宝洁、华为、戴尔、宝马、利洁时、长城汽车、中国电信、美赞臣等众多头部品牌提供服务，对营销数据、营销技术、营销科学及媒介商业化有着深刻的见解，曾撰写《大数据营销：如何利用数据精准定位客户及重构商业模式》《营销技术：原理、策略与实践》等著作，此外，还担任北京大学、复旦大学、北京航空航天大学等高校的讲师，同时也是中国广告协会学术委员会成员、MMA Martech 委员会成员，以及由美国 SMEI 认证的数字营销专家。

专家推荐

我们正处于一个充满变数的时代,品牌方的增长逻辑发生了翻天覆地的变化,从过去秉持长期主义、依靠品牌驱动追求利润最大化,转变为如今追求敏捷灵活、韧性发展,将现金流奉为圭臬。在这一转变的背后,数据作为定海神针的价值始终未变。数据为增长赋予确定性,推动规模化发展,提升运营效率,是品牌方实现韧性增长的核心能力。

秒针系统于2006年创立,在过去将近20的时间里,服务过上千家品牌方,其中包括国内绝大多数头部品牌。秒针的定位也从单纯为品牌方提供广告的第三方测量服务,逐步演变为连接生态伙伴,借助大数据与智能技术赋能品牌方,共同攻克业务增长的难题,成为数据驱动的营销实效管理专家。本书诸多案例皆源于秒针系统的实践。

与勇毅的合作始于2018年,他主导了秒针营销科学院从无到有的搭建,发布了中国数字营销地铁图、登山图、媒介生态图等一系列行业研究报告,并以专家身份在行业内积极传播理念。品牌方、代理方、第三方、平台方等多种身份的从业经历,让他对数据有着更为全面的视野和深刻的理解。期望本书能够助力更多营销从业者领悟数据的价值与运作规则,并引发新的思考。

——赵洁,秒针系统总裁

与勇毅结识,源于多年前他撰写的《营销技术:原理、策略与实践》一书,书中诸多观点即便放在当下,依然极具前瞻性与时效性。要知道,营销并非单纯的艺术创作,更是一门严谨的科学。近期,他的全新力作《进化:做懂数据的营销人》重磅推出。在逐字逐句研读本书后,能深切体会到他一直倡导的"营销是一门科学"的底层逻辑。我坚信，书中丰富的观点、巧妙的思路，以及鲜活的行业案例，对深陷营销"内卷"困境的从业者而言，犹如一场及时雨，定能带来破局之法。

——王金伟，一汽丰田新业务部高级总监

在当下中国数字营销行业迅猛发展的浪潮里，数据已然成为营销人员手中无可替代的有力武器。从品牌战略的精心擘画，到营销策略的精细打磨，再到执行阶段的精准投放与效果衡量，数据的关键作用贯穿始终。本书不单单是对数字营销与数据分析融合的深度解析，更是作者多年营销实战经验的高度凝练与结晶。品牌方该如何搭建自身的数据能力体系？又怎样借助数据洞察消费者行为，进而优化营销执行？本书凭借系统性构建的数据驱动营销理论框架，深入探寻了数据与营销融合的多种可能性，还结合详实的具体案例，鲜活地展现了数据在营销各个环节的实际应用与重要价值，为行业从业者呈上了极具价值的数据思维与实战策略。愿大家借此书，在数据的浩瀚海洋中勇立潮头、破浪前行，驶向更为精准高效的营销全新天地。

——张堃，可口可乐公司 Digital PACS 及平台服务部总监

身为于老师的挚友及同行，他出版的每本书，我都细细研读。每次翻开图书，内心总会泛起别样的波澜，或是惊叹："哇，这个问题我竟从未剖析得如此透彻"，或是感慨："这个想法我也曾有过，可他阐述得这般条理清晰、明白易懂"。正因如此，于老师的著作，我始终将其置于书架触手可及之处。每当撰写营销计划，我总会习惯性地随手翻阅，审视自己是否有所疏漏。在一个行业深耕久了，思维难免会被局限，常常不自觉地认定自己所熟知的领域就是整个行业的全貌，但这本书广泛涉猎众多行业，围绕通用原则，展示了形形色色的案例，好似推开一扇扇新世界的大门，令人眼界大开。在当下 AI 迅猛发展的时代，这些精心总结的经验，愈发显得弥足珍贵，就如同为我们营销人装备了强大的助推

器，助力我们在营销之路上飞速前行。

——孙宁，爱立信公司市场与传播部数字营销总监

在数字化与 AI 技术交织的时代浪潮中，本书摇身一变，成为营销领导者与技术领导者携手共进的得力指南。于老师凭借深厚扎实的理论根基，搭配大量鲜活的实战案例，精准揭示了数据在营销创新进程中的核心价值。对于 CMO 而言，书中蕴藏着基于数据驱动的营销策略，助力其精准把握市场脉搏；同时，也为 CIO 精心搭建起数据架构与品牌运营之间的跨界桥梁，打破专业壁垒。本书既是照亮营销变革漫漫长路的耀眼灯塔，又是企业在智能化转型征途上稳健迈进的坚实基石。

——武威，原蓝色光标传播集团 CIO

营销行业变化迅速，中国市场的特殊性让品牌方面临诸多困扰。例如，流量版图快速更迭，营销工具繁杂多样，运营环节困难重重……一个个难题犹如拦路虎，让品牌方的发展之路布满荆棘。于老师凭借深厚的行业积累，从平台策略制定、工具筛选甄别，再到营销体系搭建，进行全方位论述，并依托其在甲方、乙方、平台方的工作经历，以独特的三维视角进行深度剖析与创新整合，提炼出一套契合当下流量大时代的超级打法。这套打法不仅完美适配当下的营销环境，更着眼未来，结合 AIGC 生成式人工智能的技术发展趋势，进行了富有前瞻性的探索。相信本书会成为众多营销人员不可或缺的实用工具书，切实扮演好于老师所期望的"大时代里的'马车夫'"角色，助力营销人在复杂多变的市场中精准前行。

——韩宇，埃森哲公司企业技术与创新事业部董事总经理

当下，不懂数据的营销人几乎没有职业前途可言。数据科学一路相伴并促进

现代品牌营销理论与实践的发展,是该领域必须掌握的最重要的细分专业能力。不同于各路昙花一现的流量网红专家,于老师长期深耕在业务一线,拥有跨越多行业及甲/乙/丙方的操盘经验,他将其深厚的理论精粹和丰富的实战解析呈现于本书中,为读者带来数据在营销应用中的本质价值、全局与周期性布局,以及即看即用的标杆业务案例,值得广大营销从业者学习借鉴。

——张艳,Bizmeme 创始人

在研读本书的过程中,我深切体会到,历经岁月沉淀,于老师对营销科学的认知不断深化,在营销理论的探索之路上,已逐步搭建起一套成熟且逻辑自洽的体系。他以数字技术和数据为线索,串联起营销从战略规划、执行推进到管控评估的完整链条。如今,数字技术和营销数据不再是可有可无的辅助,而是实实在在地成为营销体系高效运营的核心驱动力。本书汇聚了前沿的营销数据应用实践,以及于老师在多年实际工作中沉淀下来的理论思考。不管是资深的营销管理精英,还是品牌方一线实操团队,都能在书中找到新知,引发思考,进而获得能力上的提升。

——董金伟,Bizmeme 合伙人

在快速变化的数字商业生态下,增长正在变得复杂且难以掌控,而数据已经成为品牌方驱动增长的核心破局抓手。基于数据,品牌方拥有了更强的能力去洞察消费者需求,拥有更多的手段去激发兴趣和形成认知,拥有更多的数字渠道去推动购买,数据已经从营销提效的"术",转变为整合资源构建精细化增长体系的"道"。

——曾巧,Morketing 创始人

营销从业者大多具备文科背景,在创意思维与语言表达方面颇为擅长。但在

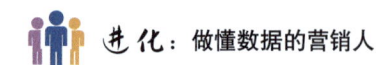

当下数据驱动的时代浪潮里，数据运营和数据营销已成为备受瞩目的热门领域。这就要求营销从业者必须涉足理工科范畴，学习数据分析、数据挖掘等相关数据知识与技能，从而更精准地洞察市场需求，优化营销策略，切实提升营销效果。当文科的创意灵动与理工科的数据理性思维深度融合，营销从业者便能打造出影响力与实效性兼具的营销活动，在竞争激烈的市场中脱颖而出。

——冯祺，自媒体 Marteker 创始人

自序

过去十年，国内数字营销行业经历了令人瞩目的高速发展。前5年保持了100%以上的复合增长率，后5年其值也超过了20%。即便是在最为艰难的2020—2021年，当众多品牌方纷纷缩减营销总预算时，数字营销的投入仍然保持了正增长。美国研究公司eMarketer公布的数据显示，2023年中国数字营销的总投入已超过1360亿美元，这一数字相当于国内一个中等规模省份全年的GDP，同时，数字化程度也达到了84%，意味着有84%的营销投入是由数据驱动的：用数据洞察市场，用数据制定策略，用数据执行营销计划。数据已成为营销的日常必备要素。更为难能可贵的是，这一数字化程度在全球范围内仅为67%，在美国为74%的情况下，我国已成为全球营销数字化程度最高、数据被使用最多的国家，没有之一。

回顾数字营销的黄金十年，我们以风驰电掣之势，跨越了国外几十年才走完的发展历程，从借鉴美国的经验摸索前行，到如今，已然能够向外输出全新的营销实践与理论成果。曾几何时，美国有Google，国内便诞生了百度；美国有Twitter，国内便出现了微博。但随着5G技术的飞速发展、智能手机的全面普及、资本的大力投入等多重因素叠加，国内数字营销生态的演进速度大幅提升。相继涌现出微信、淘宝等集"媒介+技术+数据"三种核心资源于一身的超级平台，而近年来，更是诞生了"抖音"这一具有划时代意义的超级物种。非官方数据显示，抖音吸纳了国内30%的数字营销预算，创造出超2万亿元的电商GMV，催生了本地生活、短剧等新兴商业模式。其海外版TikTok同样势如破竹，在全球市场迅速扩张。回顾抖音的崛起轨迹，会发现国外再无对标范例，也无现成理论能够阐释抖音成功的奥秘，以及如何在抖音平台开展营销活动。抖音的兴起，无疑是时代的重要分水岭，这表明我们已具备向全球同行传授数字营销经验的实力。

复盘数字营销这黄金十年的发展历程，可进一步细分为三个各具特色的阶段。在每个阶段，都是彼时最精通数据、最具能力凭借数据革新营销模式的角色引领着行业的发展方向。可以说，在行业发展进程中，"懂数据者"始终占据着主导地位，堪称执牛耳者。

- 舶来阶段：2013年，舍恩伯格所著的《大数据时代》问世，首次将数据提升至国民经济的重要高度。不过在营销领域，数据的运用仍以借鉴国外模式为主，数据对营销模式的变革作用较为有限。尽管各方投入大量精力去探索，但实际投入预算并不充裕，主要集中在CRM、官网、搜索等范畴。其中，新兴的互联网行业受到的影响最为显著，例如，在打造一款优质APP（包括获客、提升用户体验、促进付费等环节）的过程中高度依赖数据。在这一阶段，最了解数据价值的是外资品牌方，以及那些常自称"国内Adobe/Salesforce"的创业者们。直至今日，在这个时期兴起的秒针系统、深演智能、神策等，依旧在行业中扮演着重要角色。

- 品牌方阶段：历经数年打磨，关于如何运用数据已然有了答案。手握预算主动权的品牌方，成为了这一领域的主导者。前期的大量探索与尝试，让预算充足的大型品牌方，成功跑通了数字营销背后的数据逻辑。实打实的数据投入，换来了实打实的收入增长，它们也因此成为这一阶段的"最懂数据者"。从这一阶段开始，数字营销不再仅仅是CMO的营销议题，也是CEO眼中关乎增长的核心命题，更是品牌方增长体系里不可或缺的关键引擎。宝洁、YUM（肯德基）、欧莱雅、宝马等大型跨国企业，是这个阶段的领跑者。

- 平台方阶段：尽管在品牌方阶段，数据驱动营销的模式已经明晰，但高昂的投入使得数字营销成为大型品牌方的专属"奢侈品"。此时，行业中的另一关键角色——平台方（如阿里、腾讯、巨量引擎等）为获取更多广告预算,向品牌方提供了免费的数据工具(像阿里的数据银行、巨量引擎的巨量云图、腾讯的知数/有数等),让众多缺乏数据运用能力的品牌方得以零成本使用数据,实现了能力层面的平权,促使数字营销普及至千万企业。例如,街头的拉面店,每天仅需花费几块钱,就能借助"巨量引擎本地推"在抖音上投放广告吸引客源;大型品牌方需要投入大量资源才能达成的高阶操作——依据数据以天为单位调整预算,在平台方提供的工具中不过是常规功能。此外,平台方凭借充足资源得以实现数据的高阶运用,特别是人工智能技术,使其成为当下的"最懂数据者",有力推动了数字营销迈向人工智能营销时代。在可预见的未来,平台方在相当长的时期内,仍将持续引领数字营销的发展走向。

数字营销的快速迭代不仅催生了上百个营销工种和数百万个就业岗位,也对营销从业人员提出了更为严苛的技能要求。技能迭代的速度明显加快,同时各技能间的壁垒也越来越高。例如,微信营销的专家在面对抖音营销时可能会感到茫然无措;而消费者运营的专家对于数据运营也可能一窍不通。如果说将2003年的我置于2013年的岗位上还能基本胜任的话,那么自2013年以后,行业所需的人才技能便以每2~3年的速度进行高速迭代。今天高薪聘请的人才,或许明天就会成为"冗余之员"。这就要求营销从业者必须具备更强的自我学习能力、对行业知识形成连点成面的全局观,以及综合各方面认知后对自身领域的准确判断能力。而本书的初衷正是为各领域的营销从业者补充数据方面的基本知识,助力他们对自身领域产生新的理解与认知。

再来说说我的个人经历,我20多年的工作生涯始终与数据紧密相连:

- 前10年,作为品牌方的一员,在IBM专注于CRM和市场研究工作,深入学习了数据的传统应用方法。
- 随后的3年,转身成为技术方,亲身参与了国内电信运营商大数据能力从无到有的构建过程,亲眼见证了国内大数据生态的起步与蓬勃发展。
- 紧接着的3年,又站在代理方的角度(大型广告公司),在电通安吉斯下属的美库尔公司负责营销技术工作，专注于数字广告和营销技术领域，并成功搭建了国内最早的营销数据中台 CDP。

- 之后的 3 年，作为第三方（效果监测），在国内最大的第三方机构秒针系统负责秒针营销科学院的工作，与行业内的伙伴们共同探讨营销度量问题。与此同时，作为中国广告协会学术委员会/MMA Martech 委员会的成员，还积极参与了国内数据相关标准的制定和前沿课题的讨论。
- 最近 3 年，站在平台方（抖音集团）的视角，负责巨量引擎的营销科学和思想领导力的市场工作，从这一全新的角度获得了对行业的深刻认知。

在这不断变化的工作经历中，我始终栖身于每个时间节点上最懂数据的企业，以确保自己对行业的理解始终能够与时俱进。同时，我也注重保持身份经历的多样性，以便对数据形成更全面、更深入的认知：自 2013 年起，便以讲师身份受邀在北京大学、复旦大学、北京航空航天大学等十多所大学进行研究生和 MBA 课程的分享，与来自各行各业、不同身份的同行们进行深入的交流与合作；在闲暇之余，撰写了《大数据营销：如何利用数据精准定位客户及重构商业模式》《营销技术：原理、策略与实践》两本图书，以及《中国数字营销地铁图》《营销数据中台白皮书》《巨量引擎 O-5A 人群资产经营方法论》等数字化著作。"懂点数据，懂点技术，懂点业务"已成为我自我调侃的标签。

本书共 14 万字，包含 8 章内容。

- 第 1 章：讲解了数据如何重塑当下的营销模式，探讨了营销痛点，以及数据发挥的关键作用，助力读者拼出数据价值的完整拼图。
- 第 2 章：探讨了数据语境，介绍行业内数据相关的专业称谓，帮助读者融入专业讨论的语境，避免在后续阅读中因概念混淆而陷入迷茫。
- 第 3 章：深入剖析了数据的运营逻辑，包括数据采集、数据治理、数据管理、数据分析、数据交互、数据度量等 6 个关键环节，为大家揭示数据的来龙去脉。尽管对于没有相关背景的人来说，这一章可能略显生涩难懂，但其价值却不容忽视，因为这些逻辑仅掌握在行业金字塔尖的极少

自序

数人手中。本章的目标是助力大家达到"认知有框架，遇事有想法，不被人骗"的境界。

- 第 4 章：从品牌方的视角出发，探讨如何构建数据能力，包括能力搭建的路径和常见问题。
- 第 5 章：分享笔者在快消、餐饮、食品饮料、汽车、零售、商超、互联网、内容、酒店航空、母婴及 B2B 等行业的实践经验，展示不同品牌方如何围绕数据打造自身营销模式。
- 第 6 章：站在业务转型的宏观角度，以电信、商业地产和 B2B 三个行业为例，阐述数据驱动的企业变革，助力 CEO 充分利用 CMO 积累的营销数据。
- 第 7 章：探讨了行业最为隐秘的话题——大数据背后的数据合规问题。如果说前几章是在探讨数据"可以做什么"，鼓励大家在营销中充分利用数据的话，那么这一章则是在提醒大家注意数据"不可以做什么"的行业"红线"，它犹如悬在所有营销从业者头上的达摩克利斯之剑。
- 第 8 章展望数据的未来，探讨 AI、内容数据和全域增长三大发展趋势。

本书配有近 100 张图片，并引入超过 30 个案例，凝聚了我对数据的所有认知，希望大家能够感受到我的满满诚意。倘若大家能从中获取对工作有益的知识，或因某些观点产生强烈共鸣，便是对本书最大的肯定。

最后，感谢大家付出宝贵的时间来阅读本书。祝愿大家都能开卷有益、收获满满。

于勇毅

2024 年 12 月

目录

第1章

第1章 数据对于营销的改变 …… 1

第一节 数据对于营销的三个价值 …… 2
第二节 数据对于业务战略的改变 …… 6
第三节 数据对于营销策略的改变 …… 12
第四节 数据对于营销执行的改变 …… 19
第五节 数据对于营销度量的改变 …… 31

第2章

第2章 数据的语境 …… 36

第一节 数据的四方式：数据的来源 …… 37
第二节 数据的三大类：数据的常用类型 …… 38
第三节 数据的两分类和三要素：对人的数据的进一步分类 …… 39
第四节 数据的六环节：数据运营的步骤 …… 42

第3章

第3章 数据的运营逻辑 …… 44

第一节 数据采集：能使用的底层数据 …… 46
第二节 数据治理：原始数据的第一轮粗加工 …… 56
第三节 数据管理：营销数据中台 …… 60
第四节 数据分析：数据的第二轮精加工 …… 64
第五节 数据交互：成品数据的输出 …… 73
第六节 数据度量：数据闭环的复盘和优化 …… 77
第七节 张师傅买菜刀故事的复盘与解读 …… 83

第 4 章　品牌方如何构建数据能力 ……………………………… 87

第一节　品牌方构建数据能力的路径 ……………………… 88
第二节　品牌方构建数据能力时面临的常见问题 ………… 100
第三节　品牌方随时需要思考的 10 个问题 ……………… 105

第 5 章　不同行业的个性化案例 ………………………………… 110

第一节　通用行业：精细化定义目标消费者 ……………… 111
第二节　快消行业：新客破圈 ……………………………… 115
第三节　餐饮行业：消费者运营的"攻守拓" …………… 117
第四节　食品饮料行业：新品上市 ………………………… 119
第五节　汽车行业：消费者采购决策链的优化干预 ……… 121
第六节　零售行业："种草 + 直播电商"的 O2O 模式变革　123
第七节　商超行业：线下广告引流链路的度量 …………… 125
第八节　互联网行业：全链路的买量精算 ………………… 127
第九节　内容行业：口碑运营 ……………………………… 128
第十节　酒店航空行业：消费者忠诚度经营 ……………… 130
第十一节　母婴行业：消费者生命周期管理 ……………… 132
第十二节　B2B 领域：目标客户营销 ……………………… 135

第 6 章　数据在业务模式重构中的价值 ………………………… 141

第一节　阿米巴的数据化运营 ……………………………… 142
第二节　商业地产的数据化运营 …………………………… 147
第三节　B2B 的营销 – 渠道一体化运营 …………………… 153

第 7 章 数据合规：必须遵循的行业红线 ……… 157

第一节 数据合规的相关法律法规 ……… 160
第二节 营销数据合规的六大原则 ……… 163
第三节 营销数据的合规风险点 ……… 168
第四节 数据合规的未来 ……… 174

第 8 章 数据的未来 ……… 176

第一节 新技术：人工智能 ……… 178
第二节 新数据：内容数据 + 内容平台 ……… 182
第三节 全域增长：从全局最优的视角出发布局平台策略 … 189

后记 做好大时代里的"马车夫" ……… 195

附录 推荐阅读 ……… 198

第 1 章
数据对于营销的改变

- 第一节　数据对于营销的三个价值
- 第二节　数据对于业务战略的改变
- 第三节　数据对于营销策略的改变
- 第四节　数据对于营销执行的改变
- 第五节　数据对于营销度量的改变

20年前，笔者初入职场时，有幸加入了一个被誉为"营销界黄埔军校"的世界500强营销团队，那时整个团队仅划分为不足十种职能。然而，随着行业的不断发展，如今的营销职能已细化至超过百种。例如，以往品牌方投放广告时仅需寻求"媒介专家"的协助，而现今广告投放所涵盖的职能却多达数十项，熟悉抖音广告的人不见得了解阿里广告，掌握抖音品牌广告逻辑的人不一定精通抖音直播间运营。职能的碎片化导致营销数据的应用如同盲人摸象，仅能提供片面的答案，而缺乏整体框架。在本章中，笔者将从多个角度阐述数据对于营销的改变。

第一节 数据对于营销的三个价值

倘若没有数据，营销还能否顺利开展呢？

答案是肯定的，数据对于营销而言并非不可或缺。正如一线明星的代言，在央视春晚里的广告植入，还有各大机场显眼位置的户外广告牌，这些都是无需依赖数据支持的显性营销方式。当品牌方处于上升阶段，并且拥有充足的预算及强劲的产品竞争力时，即便采用资源型的打法，凭借那些不依赖数据的传统营销手段，也能在市场中攻城略地。举例来说，笔者相信，即便是把20年前的脑白金广告拿到现在投放，依然会获得成功。

倘若拥有了数据，营销就必定能收获成功吗？

答案是否定的。虽然数据能够助力营销开展得更为高效，然而营销是否成功并非绝对取决于数据。有数据不一定能成功，没数据也不见得就会失败。就像2021年，鸿星尔克借助社交媒体上的事件营销，一夜之间声名大噪，成功接住了铺天盖地的流量。在那个关键时期，笔者认为鸿星尔克并不具备强大的数据能力，其一系列动作也不是基于数据产生的。

那数据对于营销的价值究竟是什么呢？

每年市场上都会涌现诸多新锐品牌，乍看之下，其中大部分和数据并无直接关联。以餐饮行业为例，"资本短期密集投入＋社交平台种草＋实体店体验"的营销模式屡试不爽，喜茶、奈雪的茶、茶颜悦色、文和友、元气森林等品牌接连涌现，成为营销人热议与学习的焦点。然而，这些品牌方完成从0到1的起步后，应如何长期维系市场影响力呢？又有多少品牌在显赫一时后重新归于平静？这些成功案例究竟是可以被复制的必然成果，还是偶然现象？如果说在从0到1的阶段，品牌方需要的是各显神通的差异化打法，那么后续从1到1000的各个阶段，就必然要依赖数据的力量。

常言道："善战者无赫赫之名"。相比于快速崛起的短期成长模式，实现基业长青无疑是更为棘手的营销命题。而在解答这一难题方面，外资品牌方堪称个中翘楚。回溯30年前，超市货架上琳琅满目的是宝洁、联合利华的日化产品，街头巷尾随处可见肯德基、麦当劳等快餐店，大型商场的首层则多设有欧莱雅的专柜。乍看之下，这些外资品牌方似乎财大气粗、预算充足，但实际上，由于其产品线极为庞大，分摊到具体单个产品上的预算实则极为有限。即便不少新锐品牌能够在单个产品领域迅速汇聚资源优势，在短期内成为行业瞩目的焦点，但难以经受住时间的考验。历经无数次挑战者的冲击，这些外资品牌方依旧稳坐行业领头羊的位置。深入探究他们的营销逻辑便会发现，所有成功的奥秘都指向了同一个关键因素：数据。在它们的营销模式中，数据的价值主要体现在三个层面。

1. 确定性

相较于新锐品牌那种追求短期内增长最大化、犹如"刮彩票"般充满不确定性的打法，外资品牌方致力于打造一种"不犯错"的敏捷能力。他们借助数据，在最短的时间周期内精准度量每次营销活动的结果，并以此为依据推动后续营销工作的持续优化，通过一轮又一轮的快速试错，逐渐积累出营销的最优方案。凭借这种确定性能力，CMO（首席营销官）能够对营销结果做出更精准的预判，也拥有更强的优化能力，因而更有底气向CEO（首席执行官）争取预算，并承诺业务成果，这也成为大型品牌方最为看重的数据应用场景。

立足当下，许多大型品牌方已实现了以周甚至以天为周期的优化闭环，并能够依据上周的营销结果，灵活调整本周的营销策略。当大型品牌方萌生任何新的营销想法时，都能在小范围内进行测试，数据会在最短的时间内验证这些想法是否可行。这种敏捷的运作方式，不仅将试错成本降至最低，还让大型品牌方这头"大象"，具备了敏捷创新、灵活"跳舞"的能力。

2. 规模化

国内消费者数量达十亿级，其需求与购买驱动力呈现出极度多元化的特点。对大型品牌方而言，凭借精准切入一个熟悉的细分人群实现快速增长并非难事，真正的挑战在于，如何借助多元化营销来匹配需求的多元化，从而让收入在短期内实现指数级攀升。以肯德基为例，对于中年人而言，它或许承载着美好的回忆；对于年轻人来说，它可能意味着与有趣的二次元 IP 的联名合作；对于上班族，它是精致的早餐之选；对于旅行者，它代表着食品安全的保障。在当下市场中，营销内容严重过剩，试图用一支广告打动所有消费者已不切实际。若想规模化地激发海量消费者的情感共鸣与购买兴趣，大型品牌方必须依据不同消费者的独特需求，运用最适配的营销渠道，传递个性化的内容，这便是行业中所提及的"千人千面营销"。而要达成这一目标，就必然离不开数据能力的支撑。

3. 提效

提效是数据在营销层面最直观、最显著的价值体现，即利用相同的预算达成最佳的营销效果。以数字广告为例，存在这样一种理论：同一个消费者需要在短时间内接触三次广告，才会对其消费心智产生影响。若广告展示次数过少，则难以形成有效的影响力；若广告展示次数过多，则容易引发消费者的反感。鉴于消费者在不同媒介上看到广告的行为具有随机性，且数字广告普遍按照展示次数计费（CPM，即每千次广告展示的费用），对于大型品牌方而言，在广告投放次数固定的前提下，如何确保尽可能多的消费者恰好看到三次广告，就成为实现广告效果最大化的关键问题。在缺乏数据支持时，消费者看到广告的次数毫无规律，大量消费者处于广告曝光次数不足或过多的状态。然而，借助数据的力量，大型品牌方能够采取"补量"策略，针对仅看过一两次广告的消费者，补充展示次数至三次；同时运用"避投"手段，避免已经看过三次广告的消费者继续"接收到"广告。在实际营销活动中，这些基于数据的操作方法能够助力大型品牌方在预算不变的情况下，将三次广告触达的人群数量提升至原来的 5～10 倍。

尽管如今营销人的职能呈现出高度细分的特性，但在过去 10 年间，几乎每个职能都已与数据深度融合。若要集齐数据价值的每一块拼图，需要先深入理解大型品牌方内部的职能划分，依照自上而下的运营模式，大致可分为 4 大类。

- 业务战略：这一环节由管理层主导，CMO（首席营销官）提供市场洞察，共同为品牌方制定增长方向。这不仅涉及营销层面，还涵盖了宏观经济环境、产品、渠道、竞争态势、价格等多个增长要素，构成了品牌方的整体战略。
- 营销策略：在 CMO 的领导下，各营销职能部门负责人将品牌方的整体战略细化为 4P（渠道、产品、价格、促销）策略，以及具体的营销目标、实施路径、预算分配和绩效考核标准。
- 营销执行：各营销职能部门负责人将营销策略转化为具体的营销活动，如策划事件营销、邀请达人进行内容营销，或在目标城市开展户外广告投放等。
- 营销度量：由 CMO 主导，联合所有营销职能部门，以及公司层面的财务和合规审查人员，对营销执行一个周期后的业务增长效果进行真实评估，同时审查预算使用的合理性和合规性。根据度量结果，调整下一个周期的营销策略。

由于大型品牌方多为上市企业，需遵循财报要求，因此其营销运营通常以年度为长周期（涉及业务战略层面的调整），以季度为短周期（涉及营销策略层面的优化）进行反思和改进。

```
业务战略  →  营销策略  →  营销执行  →  营销度量  →
• 管理层        • CMO          • 营销职能部门负责人    • CMO
• CMO          • 营销职能部门负责人                    • 营销职能部门负责人
                                                    • 财务/合规审查人员

为品牌方制定增长方向，    确定营销的4P策略、营     把营销目标拆解到具体    营销活动投入对于业务
构成品牌方的整体战略     销目标、预算分配和绩     落地的市场活动        增长的真实价值，以及
                      效考核标准                                  预算使用的合理性/合
                                                                规性
```

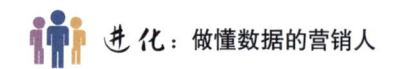

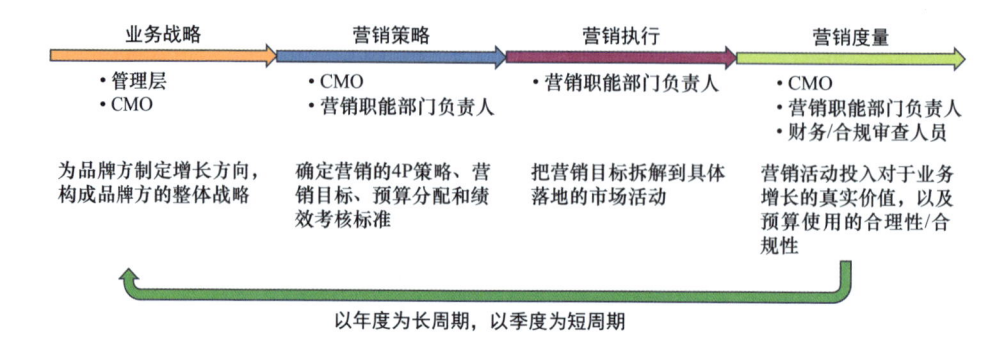

← 以年度为长周期，以季度为短周期

第二节
数据对于业务战略的改变

由于市场团队是品牌方内部与消费者接触最为频繁的团队，拥有最广泛的渠道了解竞争对手，并掌握着最丰富的市场信息和消费者数据，因此被管理层视为"最懂市场"的团队。CMO需要依托市场团队所掌握的各类数据，向管理层提供以下层面的市场洞察，以支撑业务战略的制定。

1. 宏观经济洞察

在国内市场，宏观经济数据及政府政策往往是品牌方调整增长策略的首要考量。诸如，每五年一次的国民经济发展和社会发展规划（最近一次为"十四五"规划）、"一带一路"倡议，以及当地政府每年的政府工作报告等，均从政府层面揭示了经济发展的新方向。这些方向因得到政府资源的倾斜，往往孕育着大量的消费机遇。例如，家电品牌方在解读到"家电下乡"政策时，势必将城市下沉战略提升至战略优先地位。

对于大型品牌方的管理层和CMO而言，深入研读并理解这些政策至关重要。在政策解读的过程中，数据的核心价值在于助力品牌方精准评估不同增长机会点的市场规模、当前能力匹配度，以及未来投入的路径规划和预期投资回

报率。

例如，在 2008 年，中央和地方政府推出了前所未有的 4 万亿元投资计划，这对于 B2B 行业的品牌方而言，预示着未来数年政府投资或将成为其增长的核心驱动力。某 IT 品牌方 A 的管理层意图围绕这个 4 万亿元计划制定新的战略方向，但在此之前，他们需要获取以下关键洞察：

- 政府资金将重点投入哪些细分市场？
- 具体哪些客户群体将成为这些资金的受益者？
- 在这些投资中，有多大比例将用于 IT 基础设施的建设？
- 在这些重点领域，品牌方 A 当前的市场表现如何（包括市场份额、收入增长率等指标）？
- 为了获取更多的市场份额，未来需要投入多少新的资源（如人力、新渠道、营销预算等）？
- 实施新战略后，预计从 4 万亿元投资中获得的收入增量是多少？
- 这些收入增量的具体指标应如何分配到各个团队？

由于品牌方 A 深谙数据驱动的重要性，故所有战略决策均基于定量数据而非定性判断，这就对 CMO 提出了更高要求。在研究过程中，CMO 充分利用了外部调研数据，通过对上百位行业专家的深入访谈，深入了解了 4 万亿元投资的具体方向、IT 设备采购的比率、竞争对手的市场份额，以及资金来源情况。与此同时，结合 CRM 数据，CMO 全面审视了品牌方 A 当前的收入状况和能力水平。最后，通过融合这两种数据源，CMO 成功推演出了未来的业绩指标和所需投入的资源规模。

在研究政策的过程中，品牌方 A 还发现了一个与之紧密相关的领域：园区建设。政府的初衷是，通过"腾笼换鸟"的方式推动产业升级，将产业上下游企业集中搬迁至同一园区内，形成科技园、工业园、物流园等多种业态，从而提升产业整体效能。在定性层面深刻理解政府意图并识别出这一潜在机会后，品牌方 A 进一步展开了定量研究，以精确评估这一机会的规模和可行性。

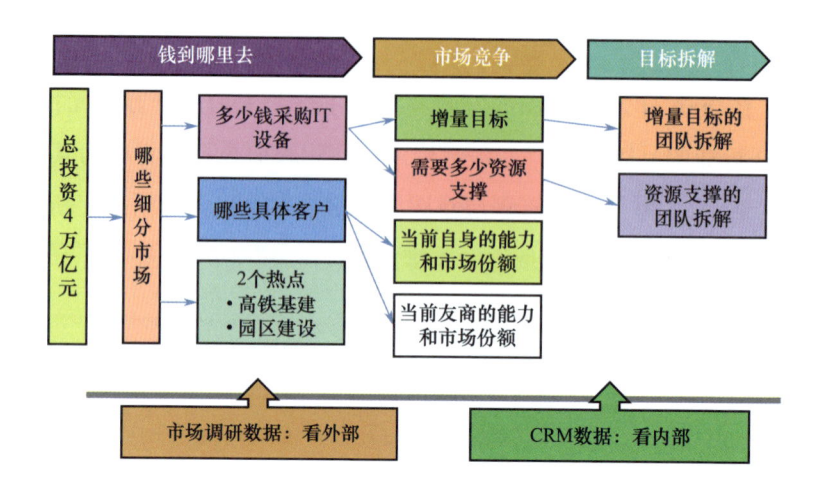

```
钱到哪里去              市场竞争            目标拆解

总                多少钱采购IT      增量目标          增量目标的
投     哪          设备                              团队拆解
资     些
4      细        哪些具体客户      需要多少资源      资源支撑的
万     分                          支撑              团队拆解
亿     市
元     场                          当前自身的能力
                 2个热点            和市场份额
                 • 高铁基建
                 • 园区建设        当前友商的能力
                                   和市场份额

         ↑                              ↑
    市场调研数据：看外部              CRM数据：看内部
```

　　CMO 借助外部专家调研与第三方数据资源，获取了当时国内园区的大致数量——约 7000 个，并掌握了每个园区的详细信息（包括名称、地址、联系电话、负责人、面积及业态等）。基于这些信息，CMO 预判，按照政府的规划蓝图，未来 5 年内全国园区数量有望增加 10000 个（这一判断在后续得到了验证，3 年后国内园区总数已突破 20000 个）。

　　当时，多数园区主要依赖土地出租获取租金收入，对 IT 基础设施建设的投入相对较少，多由入驻企业自行承担。而政府提出，为更好地整合入驻企业资源，园区将统一采购 IT 设备，实现 IT 基础设施的统一建设，以便外来企业能够"拎包入住"。根据在原有 7000 个园区的基础上新增 10000 个园区的规模，以及每个园区预计数十万元的 IT 设备投资预算，CMO 初步估算，这将是一个百亿元级别的增量市场机遇。与此同时，鉴于以往 IT 品牌方对园区的忽视，市场尚未形成明显的领先供应商，因此品牌方 A 的及时入局有望获得显著的先发优势。

　　随后，品牌方将第三方提供的园区名单与自身的 CRM 数据进行比对分析，深入了解了自身在园区的历史收入、核心客户群、产品销售结构等具体情况。通过进一步细化分析，品牌方明确了自身在哪些省份的园区具有更强的竞争力，哪些省份则需要从零开始拓展市场。在此基础上，品牌方筛选出了数百个标杆园区作为重点目标，为后续销售和营销团队的实际跟进提供了明确的客户名单。

在此案例中，数据的价值得到了充分体现：它不仅在管理层和 CMO 识别出定性战略机会后，提供了关于机会规模、增长路径的量化依据，帮助管理层在众多机会中做出抉择；而且在确定目标机会后，为销售和营销团队的具体执行提供了有力的数据支持。

2. 消费者洞察

我们的目标消费者究竟是谁？

目标消费者的偏好是什么？

我们应如何在目标消费者的心中构建品牌形象，以引导目标消费者选择我们？

以上这些问题是定位理论的核心，同时也是品牌方制定业务战略的重要起点。唯有深入理解消费者，方能在产品、营销、销售等各个环节做出明智决策。然而，品牌方面临的挑战在于消费者的动态变化：今日的消费者可能会因年龄增长而不再购买，而每年涌入的数百万应届毕业生则可能基于新的认知来选择产品。因此，消费者洞察成为了一个需要不断更新、持续思考的战略课题。

以往，消费者洞察主要依赖于小数据（如消费者调研、问卷调查）。大型品牌方每年不惜投入数百万资金进行品牌健康度调研（BHT），以追踪消费者变化。但面对我国庞大的人口基数，即便达到十万分之一的抽样比率，要确保样本的科学性也绝非易事。而今，基于大数据的消费者洞察方式已崭露头角，使品牌方能够以更低的成本、更敏捷的方式、从更多维度深入了解消费者。

以巨量引擎提供的免费洞察工具"巨量算数"为例，仅用时一分钟便能完成对两个汽车品牌——新能源品牌 A 和传统燃油品牌 B 的消费者洞察，不仅涵盖数十个维度，包括年龄、性别、地域等基础属性，还涉及抖音平台中这两个品牌目标消费者的兴趣爱好、浏览习惯、偏好的话题等。

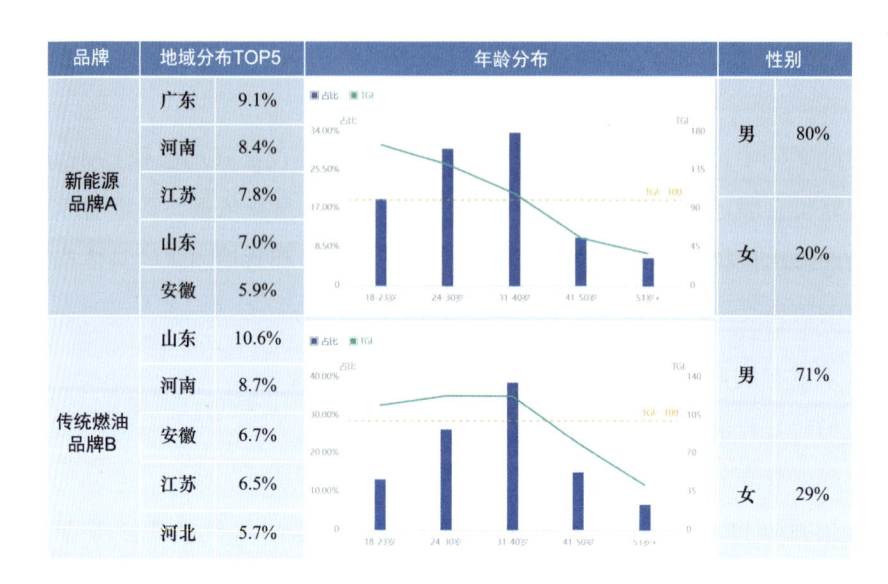

品牌	地域分布TOP5		年龄分布	性别	
新能源品牌A	广东	9.1%		男	80%
	河南	8.4%			
	江苏	7.8%			
	山东	7.0%		女	20%
	安徽	5.9%			
传统燃油品牌B	山东	10.6%		男	71%
	河南	8.7%			
	安徽	6.7%			
	江苏	6.5%		女	29%
	河北	5.7%			

3. 竞争态势和价格洞察

虽然宏观经济洞察和消费者洞察能够为品牌方挖掘新的增量机遇，但品牌方的核心业务在短期内仍然依赖于存量收入。若想在竞争激烈的"红海"市场中寻找增长点，就要求品牌方能够敏锐捕捉竞争对手的弱点并弥补自身缺陷。在这一过程中，竞争态势洞察对于业务战略的制定至关重要。与竞争态势洞察紧密相连的价格洞察，对品牌方而言同样具有举足轻重的地位，因为商品价格每浮动5%～10%，品牌方就会面临截然不同的竞争态势和目标消费群体，故而笔者将竞争态势洞察与价格洞察视为一个整体来考量。

当下，品牌方可通过多种途径收集竞争对手的数据。例如，社交媒体上的竞品言论与消费者反馈、研究机构提供的销量与市场份额数据，以及尤为关键的电商数据：在几大主流电商平台的商品详情页上，销售数据与消费者评价一目了然，利用爬虫技术即可轻松获取这些公开数据以进行深入洞察。

例如，某快消品品牌高度聚焦于高端市场，一年前针对高端市场中的领头羊产品A，推出了自家的高端产品B，并倾注了大部分营销资源。经过一年的鏖战，品牌方认为，A、B两款产品在国内市场的销量已基本持平。此时，在业务战略层面出现了两种截然相反的观点和路径：

- 高端市场的竞争已触及天花板，继续在此领域投入核心资源，增量效应将逐渐减弱。因此，应将核心资源重新转向过去被忽视的中低端市场。
- 高端市场仍蕴含机遇。尽管产品 B 的收入增长显著，但产品 A 的收入并未减少。因此，核心资源应继续留在高端市场，以进一步争夺产品 A 的市场份额。

在两种观点各执一词、难以调和的情况下，品牌方借助电商数据进行了深入剖析，获得了诸多新洞察：

- 在这一品类中，海淘现象普遍存在。品牌方之前的数据仅涵盖了国内生产—国内销售的本土销售额，而忽略了国外生产—国内销售的海淘销售额，导致产品 A 的销售量被严重低估。将海淘销量纳入考量后，产品 A 与 B 的实际销量比达到了 3 : 1，而非之前认为的"持平"。这表明品牌方在高端市场的表现远未达到预期。
- 市场对商品价格具有自动调节机制。口碑佳、消费者认知度高的产品往往能获得更高溢价。品牌方过去仅关注官方定价，而忽略了实际成交价格。通过对综合官方、代理商、海淘等多种渠道的成交单价进行洞察，发现产品 A 的实际成交单价集中在 200～300 元，而产品 B 由于一年的重点投入，市场认知度显著提升，实际成交单价已超过 300 元。这表明原本旨在开拓高端市场的产品 B，实际上已涉足单价 300 元以上的超高端市场，并成为该领域的领头羊。而在单价 200～300 元的高端市场，品牌方实则缺乏对应产品，这可能是产品 A 收入持续不减的原因之一。
- 在单价 200 元以下的中低端市场，品牌方的多个产品虽未占据销量榜首，但仍坚守各条战线，过去一年的销量保持稳定。

笔者曾听闻一种观点，即品牌方的管理层皆是在市场风浪中摸爬滚打多年、对行业有着深厚理解的行家里手，在业务战略的制定上，数据虽为管理层提供了

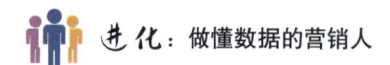

定量依据,用以辅助其在定性判断后做出资源分配和目标设定的决策,但并非起决定性作用。然而,在上述案例中,我们不难发现,管理层仍存在视野局限,他们低估了海淘的规模及市场价格的分布情况。基于深入的数据洞察所推导出的业务战略,除继续在高端市场深耕或回归中低端市场的传统选择外,还出现了第三种全新路径:开发单价位于 200 ~ 300 元的高端新产品,以更有效地与产品 A 展开竞争。

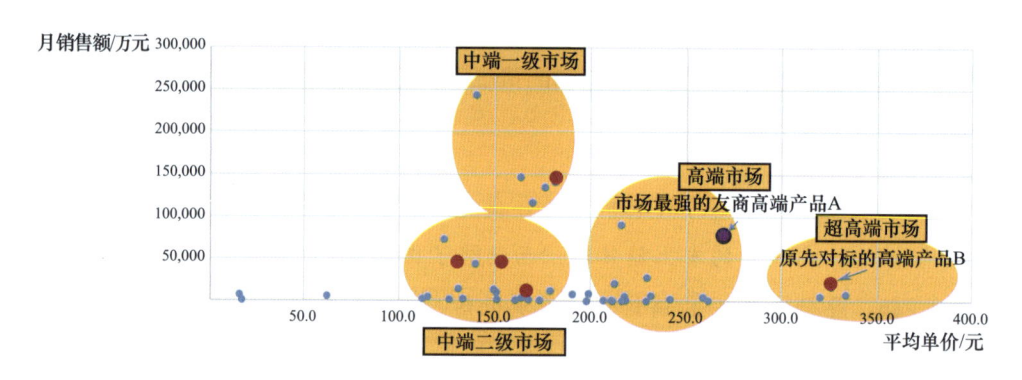

第三节

数据对于营销策略的改变

在管理层明确业务战略方向后,CMO 需要将业务战略中的营销环节细致分解到各项营销职能之中,确立 4P 层面的具体目标、实施路径、预算安排及考核标准。业务战略层面的决策往往较为宏观且偏向理论,而营销策略层面则必须脚踏实地、注重实效。

举例来说,管理层洞察到"家电下乡"的广阔机遇,并在业务战略中明确提出,要将资源重心投向 4 ~ 6 线的低线城市,要求市场团队在未来三年内,将 60% 的营销预算用于低线城市,以期实现全公司 60% 的收入增长目标。然而,

第 1 章 数据对于营销的改变

对于营销团队而言，面对国内超过 3000 个低线城市，即便拥有数亿元的营销预算，平均分配到每个城市也仅有数万元，仅够举办一场小型路演活动，难以掀起真正的市场波澜。更何况，任何品牌方都无法调配足够多的人力去全面覆盖如此庞大的城市数量。因此，市场团队必须对目标进行审慎取舍与合理规划，明确营销资源是仅覆盖至 4 线地级市，还是进一步延伸至 6 线县城？各城市的消费能力如何，能否支撑起预期的投资回报率？哪些营销策略适合通过集中力量来打透单个城市，哪些又适合通过广泛布局来追求覆盖面？是一次性投入巨额预算以实现在短时间内的品牌大规模曝光，还是紧跟全年数个电商大促节点，或是重点依托当地代理商开展联合营销活动？预算规模越大，目标任务越重，营销策略制定阶段就需要考量更多、更细的问题。其中，数据支撑尤为关键，笔者将重点剖析以下两个方面：

- 市场和客户细分。
- 预算分配和指标设定。

1. 市场和客户细分

细分（Segmentation）是一种精准的营销策略，用于在定量层面上助力品牌方做出资源投入的取舍。营销领域同样遵循二八原则，即将 80% 的资源集中投向消费能力最强的 20% 消费者群体，便能斩获 80% 的收入，甚至在某些特定行业中，还会出现 1% 的顶尖客户贡献高达 95% 收入的极端现象。聚焦于这些少数但消费能力强的顶尖客户及由此形成的增长点，是品牌方实现高效增长的不二法门。

细分策略的深入程度，取决于品牌方的数据能力。若数据能力欠佳，仅能洞察到城市、产品、消费者群体等宏观层面的数据，那么细分策略就只能停留在市场细分的层面，品牌方据此判断在不同维度上的资源投入与取舍。然而，当品牌方拥有强大的数据能力，能够细致到单个消费者的历史收入、消费潜力等微观数据时，便能进一步实现客户细分。结合数字营销的诸多手段，品牌方能够针对这些重要消费者进行 ID 级别的精准营销，让每一分投入都发挥最大效用。

除数据颗粒度的考量外，细分的方法还可依据品牌方所掌握的数据类型进行4种划分。

- 单维度细分的金字塔：若品牌方的数据能力有限，仅掌握历史收入数据，那么市场或消费者将被简单划分为三层：大（贡献80%收入）、小（剩余贡献）及潜力客户（尚未购买）。此细分方法的优势在于，对数据要求不高，尤其适用于存量收入占比巨大且不太关注新客增量的品牌方；其劣势在于，众多具有潜在购买力的潜力客户被忽略，品牌方缺乏足够资源去开拓新客市场。

- 双维度细分的四象限：除历史收入外，品牌方还依据一定的逻辑推算出不同市场/消费者的市场容量数据，如通过GDP/电商销售量评估各城市的市场容量，或依据消费者属性预测其每年在快消品上的消费总额等。由于品牌方能同时掌握消费者的总预算及其在本品牌上的投入，因此可构建出四个象限：金（忠诚客户），高收入且高潜力，是品牌方收入的基石，需要重点维护；银（潜力客户），低收入但高潜力，是品牌方收入增长的关键，需要通过探索新方法来激发需求；铜（饱和客户），高购买但低潜力，未来的增量有限，仅需投入适量资源维持现状即可；铁（低价值客户），低购买且低潜力，仅需投入少量资源进行低成本营销覆盖。相较于单维度细分的金字塔模型，双维度细分的四象限模型更注重对高收入、高潜力客户的识别，对多数品牌方而言，此模型已经够用。

- 三维度细分的波士顿矩阵：这一细分方法由知名咨询公司BCG提出，它在原有的双维度细分的四象限的基础上进行了升级。在三维度细分的波士顿矩阵中，纵轴数据结合历史收入与市场容量来计算市场占有率，横轴则展示了收入增长率，而气泡的大小则代表了市场容量的大小。尽管双维度细分的四象限与三维度细分的波士顿矩阵都基于相同的基础数据，但在表现逻辑上，三维度细分的波士顿矩阵更注重品牌方是否已成功推动关键细分市场形成增长加速度。

第 1 章 数据对于营销的改变

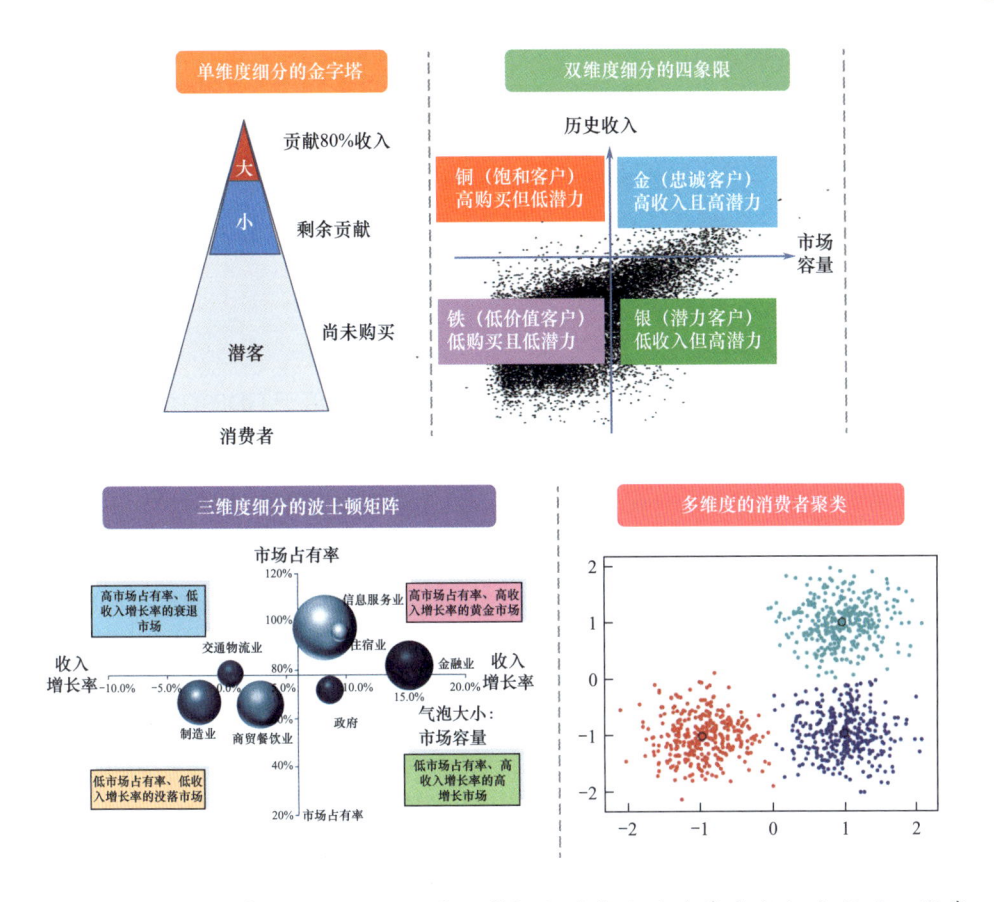

单维度细分的金字塔
- 大：贡献80%收入
- 小：剩余贡献
- 潜客：尚未购买
- 消费者

双维度细分的四象限
- 铜（饱和客户）高购买但低潜力
- 金（忠诚客户）高收入且高潜力
- 铁（低价值客户）低购买且低潜力
- 银（潜力客户）低收入但高潜力
- 横轴：市场容量；纵轴：历史收入

三维度细分的波士顿矩阵
- 高市场占有率、低收入增长率的衰退市场
- 高市场占有率、高收入增长率的黄金市场
- 低市场占有率、低收入增长率的没落市场
- 低市场占有率、高收入增长率的高增长市场
- 气泡大小：市场容量
- 行业：信息服务业、交通物流业、住宿业、金融业、制造业、商贸餐饮业、政府

多维度的消费者聚类

- 多维度的消费者聚类：当品牌方掌握大量丰富的消费者数据字段时，消费者细分工作就变得更加科学、更为复杂。以提供出国旅游服务的品牌方为例，面对三个消费者：A 是刚毕业、年收入 15 万元的职场新人；B 是年收入 50 万元、有 1 万元月供负担的中年男性；C 是 30 岁未婚、拥有车辆的白领女性，此时无法仅凭两三个字段便直观判断哪个消费者的细分优先级更高。为了进行准确细分，必须基于几十甚至上百个数据字段，通过聚类算法来实现。简而言之，就是分析历史购买情况，识别哪些字段对最终消费行为产生显著影响，并据此进行归类。在电商行业，常用的细分方法基于基础属性（如年龄、性别、地域）划分出 8 大人群（如 Z 世代、精致妈妈、新锐白领等）。而在美国，则更常用根据肤色、年龄、

收入、教育水平、职位、工作行业、是否拥有住房等多个维度进行的 47 个客户细分。

最后，推荐一本关于市场细分的经典著作，即由屈云波撰写的《市场细分：市场取舍的方法与案例》。尽管该书出版于 2010 年，但至今仍是该领域内的佼佼者，值得一读。

2. 预算分配和指标设定

在过去的二十年中，国内营销投入的年增长率数倍于 GDP 的增长率，已达万亿元体量。在很多行业中，营销预算已超越商品的原材料成本，成为最大开销。对于品牌方而言，预算的分配及相应指标的设置，构成了营销策略的核心环节。

然而，与其他营销数据应用相比，国内在利用数据科学分配预算的实践上，仍显著落后于国外。这主要归因于国内经济的迅猛增长，使得大多数品牌方都实现了可观的增长。在业务收入表现良好的情况下，营销预算的科学分配与最优化便显得不那么迫切了。当前，行业内普遍采用的逻辑包括以下三种。

- 自下而上的项目制：由市场团队提出未来计划开展的项目及各自所需资金，在汇总后形成总预算，每个项目分别承担声量、粉丝数、短期转化等具体指标。此模式的优势在于，任务明确，能充分发挥营销团队的专业能力；但此模式的劣势在于，指标体系分散，与整体业务增长关联不强，难以回应管理层关于"营销对增长的具体贡献"的质询。该模式多见于高速增长、CMO 与管理层间信任良好的优质品牌方。

- 销售目标挂钩：营销预算依据品牌方的收入目标确定，如年度收入目标增长 20%，则营销预算也相应增长 20%，随后再根据总预算分配到具体项目。这种围绕收入目标自上而下的预算分配方式虽较为粗略，但因指标与业务增长紧密相关，市场团队的目标与价值相对明确而成为最为常见的做法。其弊端在于过于侧重销售导向，可能导致营销活动仅关注短期的收入增长，而忽视长期的品牌建设。

- 电商滚动制：对于某些不太关注年度或季度财报的非上市品牌方，若其主要收入来自电商且不存在回款账期问题,则预算分配逻辑调整为根据本周收入的一定比例来设定下周的营销预算,目标集中于电商收入。此模式相对科学,能在收入与预算的滚动中迅速自我调整优化;但其缺点在于确定性较低,易受短期收入波动的影响。

在国外的相关实践中,由数据驱动的预算分配与指标设定方法主要涵盖以下三种。

- MTA 模型(多触点归因模型):依据消费者在购买商品前的特定时间周期(通常为 15～30 天)内受不同数字营销方式影响的数据,利用 MTA 模型精确计算各数字营销形式的归因价值,并依据归因比率来合理分配预算。以汽车行业为例,消费者从考虑购车至最终购买需要 6～8 周的时间,在此期间平均会受 10 种数字营销形式的影响。鉴于购车决策的复杂性,最终购买被视为这 10 种形式共同作用的结果,而非单一形式的功劳。通过 MTA 模型可得出这 10 种形式的各自归因比率,进而依据此比率调整不同形式间的预算分配。在某些实践中,采用 MTA 模型优化预算分配可实现 150%～200% 的效率提升。MTA 模型支持的预算分配示意图如下页的第一张图所示。MTA 模型作为当前最科学的预算分配算法,对品牌方的数据能力提出了极高要求,尤其是强大的 Super ID 能力,这是模型的数据基石,对于国内品牌方而言,实施难度较大。
- MMM 模型(营销组合归因模型):该模型的计算以周为时间单位,通过分析不同营销形式的投入金额与收入产出金额之间的关联,确定各营销形式间最优的预算分配比例。下页的第二张图展示了 MMM 模型支持的预算分配,其中横轴代表以周为单位的时间轴,纵轴则反映了 MMM 模型计算得出的各种营销形式对收入拉动的归因价值。纵轴最底部为归因基准线(Baseline),即在不投入任何营销预算的情况下自然产生的收入;而上方各条线所围成的面积,分别代表了不同营销形式的定量归因价值。品牌方可依据模型结果,计算出不同预算规模下的最优配比。与 MTA 模型相比,

进化：做懂数据的营销人

MMM模型的颗粒度较粗，但其对数据的要求较低，仅需每周的营销投入与收入产出的统计级数据即可，因此常被用于市场团队的年度预算规划，而不适用于日常的预算调整。然而，MMM模型也存在局限性，即品牌方的业务收入受多种复杂因素影响，营销虽为主要因素之一，但天气、竞争对手动作、宏观经济等因素也需要纳入考量。在国外，有诸多免费的开放数据（如天气、犯罪率、竞争对手声量等）可用于提升MMM模型的精准度；而在国内，由于缺乏这些开源数据，MMM模型的输出精度相对有限。

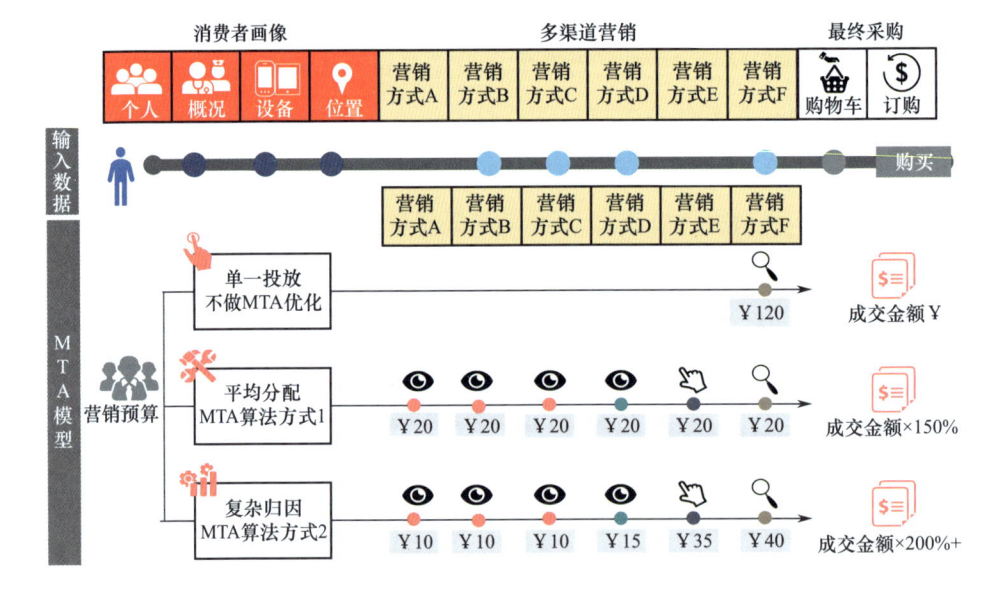

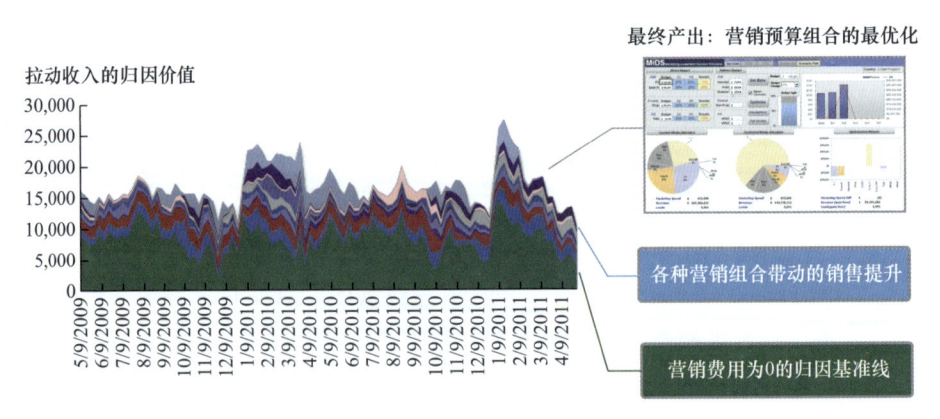

18

- PPS（售后调研）：与 MMM/MTA 模型基于大数据的逻辑不同，PPS 遵循的是基于调研小数据的预算分配逻辑。在国外，品牌方可在电商网站或自建电商平台上预设调研页面，当消费者完成购买后，该页面会弹出，如下图所示，用于询问消费者是受到哪些营销形式的影响而做出购买决定的。品牌方可根据调研数据来决定多种营销形式间的预算分配。PPS 因使用门槛低且结果真实，特别适用于消费者决策链路简单的中小快消品牌。然而，在国内，尽管各电商平台都为品牌方提供了 PPS 调研工具，但由于国内消费者对调研持谨慎态度，问卷的应答与返回率远低于国外，导致样本量不足。

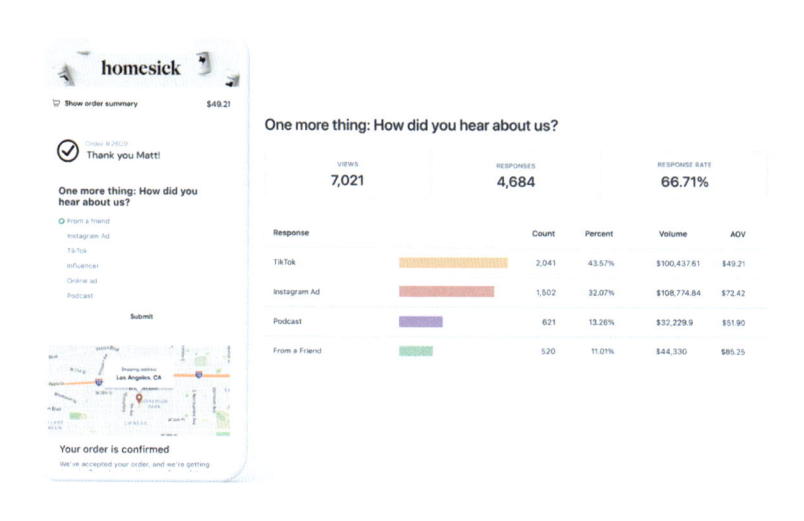

第四节
数据对于营销执行的改变

十年前，有一个案例曾让笔者深感困惑。当时，P2P 金融行业异军突起，行业内的领头羊品牌方手握丰厚的营销预算与庞大的数据资源，但在营销实践上，他们却仅采取了三种"极为传统"的方式：央视新闻联播前的几秒电视广告、某高铁的冠名权，以及依赖人海战术的"地推"活动。令笔者不解的是，为何该品牌方未能充分利用其数据优势，在数字营销领域大展拳脚呢？在与众多专家深入交流后，笔者得到了一个颇具启发性的回答：接不住预算。那时，国内广告的数字化水平尚不足40%（根据eMarketer的调研数据），主流的搜索、微信、微博等营销方式更多是在消费者转化漏斗的中下层发挥着"细水长流"的作用。对于如何在短期内高效运用亿级预算，迅速提升市场声量，业界并未找到满意的答案。

到了2023年，国内广告的数字化程度已攀升至84%，品牌方在短短数周内投放十亿级数字营销预算的案例屡见不鲜。如今，几乎所有的营销执行方式都与数据紧密相连，就连最为传统的线下路演和B2B展会也不例外。品牌方会借助微信抽奖或引导添加企业微信等方式积极收集数据。

以下是几种广受行业认可且能承接充沛预算的数据驱动营销方式。

1. 精准广告

精准广告是品牌广告的一种重要形式，也是众多营销人员对于数据应用的初步认知。品牌方通过掌握目标消费者的ID，利用技术手段确保广告仅展示给特定消费者，从而避免对非目标群体的广告资源浪费。精准广告亦被称为程序化广告，从技术层面来看，其执行与交易过程均实现了自动化与程序化。精准广告背后的数据逻辑如下图所示。

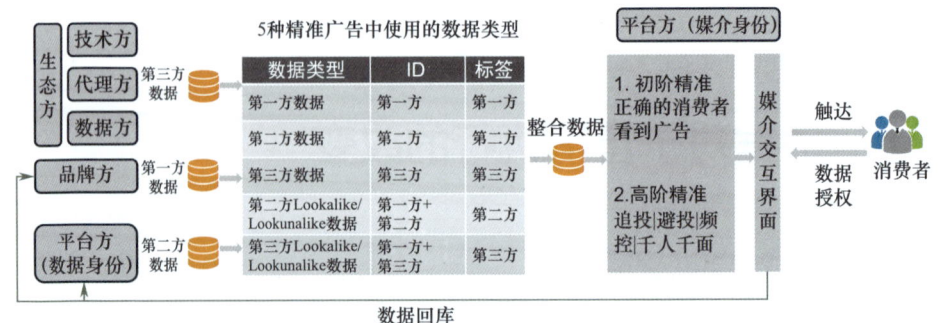

精准广告的基本数据运营模式如下：品牌方依据数据标签筛选出目标消费者ID（即目标受众，简称 TA），并将其提供给平台方进行精准投放。此过程包含三个关键步骤：选用何种数据；如何实现精准投放；投放后如何回收数据。

（1）选用何种数据

精准广告的数据依据 ID 及标签的来源被划分为 5 种类型：3 种类型直接运用了第一方、第二方以及第三方各自的数据与标签；2 种类型则是对品牌方第一方数据 ID 的延伸拓展，具体通过 Lookalike 和 Lookunalike 技术来实现。这一逻辑在于，品牌方先将其第一方数据样本提供给第二方和第三方，明确标识出哪些ID 是目标群体，哪些是非目标群体（例如，在连续投放 N 次广告后某些 ID 从未点击过广告，也未在任何渠道产生过购买行为）。随后，第二方和第三方会依据各自的标签体系，去寻找具有相似特征的人群。例如，当平台方发现品牌方提供的数据中大部分为中产男性时，它们便会从自己的数据库中筛选出品牌方尚未覆盖的中产男性 ID 进行补充。其中，Lookalike 技术用于补充品牌方的目标消费者群体，而 Lookunalike 技术则用于补充品牌方的黑名单消费者群体。

（2）如何实现精准投放

现如今，技术的发展已将让正确的目标消费者看到广告这一功能视作"初阶精准"。若品牌方或平台方配备了 DMP（数据管理平台）、AD Serving（广告投放）系统等复杂的广告技术基础设施，便能实现以下"高阶精准"功能。

- 追投：依据消费者的广告反馈，设定后续的跟进策略。例如，最基础的 Retargeting（再营销）模式，当消费者将商品加入电商购物车后，几乎瞬间便能在电商之外的其他平台看到该商品的广告。
- 避投：通过技术手段确保黑名单中的消费者无法看到品牌方的广告。
- 频控：若广告展示过少则可能无法引起消费者注意，若广告展示过多则可能引起消费者反感。品牌方可设定在所有平台上的广告触达总次数。例如，某美妆新品上市，在 A、B、C 共 3 个平台投放广告，并设置控频次数为 3，若某消费者在 A 上首次看到该新品广告，在 B 上又看到了第 2、

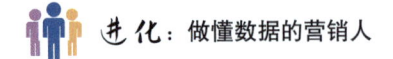

3 次广告,那么在完成这 3 次计数后,短期内不会让该消费者在任何平台上再次看到这个广告。

- 千人千面:在广告创意层面,使不同消费者看到不同的广告内容。例如,根据性别标签(男、女、未知)进行投放,品牌方可设定向男性展示剃须刀广告,向女性展示洗发水广告,而向性别未知的消费者展示大促降价广告。

(3)投放后如何回收数据

平台方会在其个人隐私声明页面中明确告知消费者其将收集哪些数据,以及这些数据的用途。若消费者接受该声明且未提出异议,即视为同意数据授权。随后,当消费者浏览广告时,平台方就能收集消费者的 ID、点击、浏览、关闭等行为数据,并根据隐私声明中的规定,决定是否将这些数据提供给品牌方。

2. 达人营销

对于绝大多数品牌方而言,达人营销因其低门槛和近年来的迅猛发展而成为了备受青睐的营销手段。当前,国内实现商业化的 KOL(关键意见领袖)/KOC(关键意见消费者)数量已逾百万。达人营销的具体表现形式包括:

- 软文:KOL/KOC 在社交平台(如微信、微博)或内容平台(如抖音、小红书、快手)上发布短视频或图文内容,巧妙融入品牌方的营销信息。
- 带货:通过直播或短视频的形式,直接助力品牌方销售产品。

KOL/KOC 的质量关乎达人营销的效果。若品牌方的预算有限,则仅通过观察竞争对手的使用情况或依赖熟人推荐几位达人即可满足需求。然而,若欲实现规模化运营,如同时启用数十位达人共同提升市场影响力或促进销售转化,则需借助数据的力量。

由于品牌方通常不会频繁使用达人营销,因此缺乏自行收集和管理数据的动力。通常情况下,这类数据由平台方或第三方负责收集,并统一为品牌方提供数据工具(例如,抖音的星图平台、小红书的蒲公英平台、秒针系统的 Social

Grow 等）。在达人营销投前、投中、投后的过程中，数据的驱动场景如下图所示。

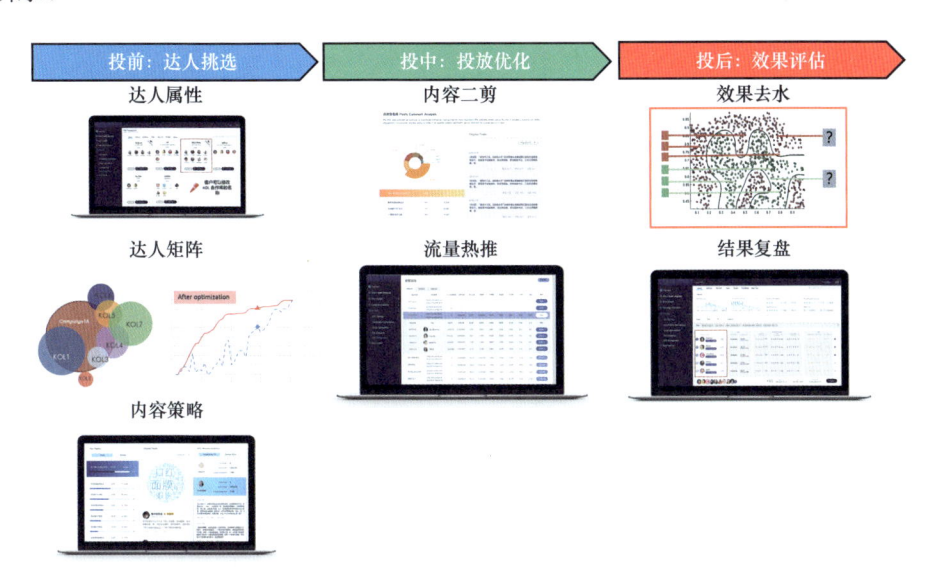

投前：达人挑选 — 达人属性、达人矩阵、内容策略

投中：投放优化 — 内容二剪、流量热推

投后：效果评估 — 效果去水、结果复盘

（1）投前：达人挑选

- 达人属性：常规的数据工具基本涵盖了达人的粉丝数量、粉丝画像、互动数据、历史带货业绩、退货比例、所属 MCN 机构、过往合作品牌方、合作费用等关键信息。无论品牌方侧重于带货能力强、粉丝基数大的达人还是行业内常用的达人，都能通过这些数据筛选出充足的候选 KOL/KOC，这是达人营销的重要一步。

- 达人矩阵：初步筛选后，鉴于许多达人的粉丝群体高度重叠，且其能力与内容风格相似，故品牌方可依据数据来构建达人矩阵：既可采取覆盖率高、重叠率低的策略，以最少的预算覆盖最广泛的粉丝群体；也可选择重叠率高的策略，以确保每位目标消费者能被多个达人营销所触及，通过多重触达提升消费者对品牌的认知。

- 内容策略：达人所传达的内容是成功的第二大要素。内容策略的一个简单且有效的方法就是紧跟热点，这就需要数据来指引哪些主题、话术、带货产品在当前热点下具有优势，特别是在以推荐算法驱动流量的内容平台上，优质内容往往能带来免费的自然流量。例如，品牌方可通过数据迅速发现竞争对手直播间中某款商品的突然热销，随即分析其原因——是新产品、低价格、带货话术起了作用，还是人为制造的冲突情节吸引了流量？之后抢在其他竞争对手之前迅速模仿，以获取平台的自然流量红利。

（2）投中：投放优化

- 内容二剪：尽管在达人内容发布前会利用数据来指导其内容，但内容能否受欢迎仍存在一定的不确定性。如今的数据工具能够在达人内容发布后提供消费者反馈，例如，达人从1小时的原始视频素材中剪辑出1分钟的短视频，发布后若发现效果不佳，便可通过数据工具分析视频各秒的点赞情况（正向反馈）及大量视频关闭的时间点（负向反馈）。达人根据这些具体反馈对原有素材进行二次剪辑并重新发布，往往能获得更好的传播效果。

- 流量热推：当前的内容平台都提供了针对达人营销的热推工具（如抖音的DOU+、小红书的薯条等），允许达人在内容发布后追加投资以购买额外流量，从而扩大内容的传播范围。这些热推工具的定价逻辑是，内容越受消费者喜爱（点击率高、完播率高），热推的价格就越低。品牌方通常采用"内容赛马"的策略，即在不确定内容效果的情况下，通过增加内容数量来进行优胜劣汰。他们会根据结果数据来确定哪些内容值得获取热推预算，以确保营销效果的最大化和确定性。例如，品牌方同时邀请100个KOL制作150个短视频并发布；1天后，发现有30个内容的点赞率超过1000，便针对这30个内容购买相同金额的热推广告；再过1天，若其中有2个内容的点赞率超过10000，则品牌方会将剩余预算全部投入这2个内容的热推中。

第 1 章　数据对于营销的改变

（3）投后：效果评估

- 效果去水：在数字广告领域，达人营销常成为虚假流量的聚集地，粉丝数、点赞率、转发数等常规指标易被伪造，且造假成本低廉，甚至在达人直播带货环节，品牌方依据销售额支付佣金后，还可能面临大量退货的困境。为了有效遏制效果造假，行业普遍采用数据论证的方法。造假的水军在互联网上的行为模式往往有迹可循，如24小时不间断点击广告、点击率异常或高于平均水平、浏览时间仅数毫秒即点赞等，这些异常行为均可通过效果去水技术予以识别并剔除。
- 结果复盘：通过详尽罗列达人营销的各项结果数据，助力品牌方清晰对比不同达人之间的营销效果。同时，梳理达人营销执行过程中的各类过程数据，为品牌方提供有力支持，以便更好地规划下一次营销活动。

3. 效果广告

效果广告是一种依托平台方自有数据构建的广告工具，效果广告背后的数据逻辑如下图所示。

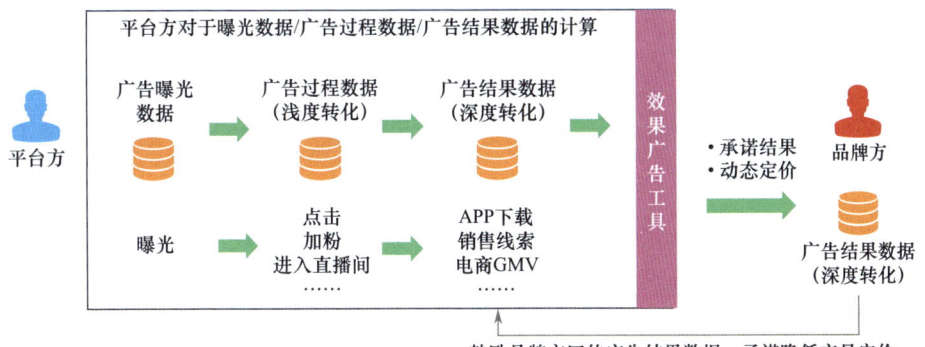

效果广告与上文提及的精准广告存在两个核心差异。

- 承诺结果：精准广告采用CPM（按曝光量付费）模式，即品牌方根据广告曝光次数支付费用，但广告的实际点击率及转化率却充满变数；而效果广告则依据 CPC（按点击付费）、CPD（按下载付费）、CPS（按销售付费）等转化指标进行计费，平台方对广告效果负责，品牌方无须担忧曝光量与转化效果之间的不确定关系。

- 动态定价：精准广告的价格体系相对稳定，仅在品牌方投入大额预算时才能获得一定折扣；相比之下，效果广告的价格更为灵活。品牌方在选定目标消费者、广告创意及衡量指标后，平台方会依据这些参数预测成本，并给出相应报价。在极端情况下，即便不同品牌方采用相同的指标购买同一效果广告，由于目标受众、历史转化率及广告创意的差异，其动态定价也可能存在百倍之差。

效果广告在数据层面的本质，在于平台方全面掌握了消费者从广告曝光到最终转化的全链路数据，涵盖广告曝光数据、广告过程数据（浅度转化）、广告结果数据（深度转化）。借助这些历史数据及先进算法，平台方能够精确计算出广告的正向转化率（从曝光到转化的比例）及逆向转化率（实现特定目标所需的预算），当平台方对双向转化率的稳定性充满信心时，便敢于通过效果广告为品牌方的广告效果提供坚实保障。

从品牌方的角度出发，效果广告因其相较于精准广告具有更强的确定性而备受青睐，尤其对于效果导向强烈的电商团队而言更是如此。或许许多营销人员尚未察觉，当前国内效果广告的预算已远超精准广告和达人营销的预算，占据了数字广告总预算的绝大部分份额。诸如，巨量引擎的广告投放系统、巨量千川，阿里的直通车、万相台，以及小红书的聚光等平台，均是效果广告领域的佼佼者。

从平台方的商业化角度来看，效果广告的本质在于流量溢价。例如，原本精准广告的 CPM 价格为 10 元（即 1000 次广告曝光，共收费 10 元），当平台方能够将从展示到点击的转化率稳定在百分之一，即 1000 次展示带来 10 次点击时，便可将价格溢价 100%，以 CPC=2 元的价格向品牌方出售。而当平台方掌握了丰富的广告结果数据，如 APP 下载、销售线索或电商 GMV 等，则可直接采用 CPS（销售）、CPL（线索）、CPA（下载）等计费方式。从财务层面分析，效果广告助力平台方将相同流量的价值最大化，同时为品牌方提供了结果的确定性，是真正实现多方共赢的先进生产力。

在效果广告的优化进程中，平台方天然拥有广告曝光数据和广告过程数据，而能够获取多少广告结果数据决定了平台方效果广告的发展上限。因此，平台方往往会通过承诺降低交易定价的方式，鼓励品牌方将自身的广告结果数据回传给平台，最终使平台同时掌握媒介、数据和技术三种核心资源。这也正是现如今营销人员更倾向于用"平台方"而非"媒介"来称呼各大互联网平台的原因所在。

4. 消费者运营

品牌方的市场部通常细分为多个职能团队，它们之间的资源整合主要围绕短期的营销活动展开，如大促活动、新品上市、品牌升级等。这些活动需要平台方团队的广告资源、CRM 团队的数据支持、内容团队的达人合作等多方资源，从而催生了整合营销传播（IMC）的理念。鉴于营销活动通常仅持续数周，因此其目标往往聚焦于电商 GMV、市场声量等短期成效，这种短周期、局部最优的模式能迅速为品牌方带来销售额与品牌声誉的提升，也是营销人员展示其价值的最直接方式。

然而，在当前营销信息泛滥的环境下，仅凭借单次营销便触动消费者并促成转化的概率相对较低，短周期营销活动的效率存在明显上限。为了突破这一瓶颈，行业开始从消费者决策链路入手。消费者的购买决策过程往往复杂且漫长，一次转化可能是多次营销活动共同作用的结果。在单次营销活动带来直接转化之前，消费者可能已经历了长时间的"心智构建、种草、促销"等营销阶段。因此，每次营销活动除促成少量即时转化外，更像是在滚雪球般积累更多被影响心智的消费者。相较于从未接触过营销的人群，这些消费者在未来转化的可能性更高。

Kantar 的研究结果显示，品牌增长结构中的 30% 源自短期增长驱动，即由单次营销活动引发的即时转化；而 70% 来自长期增长驱动，是由多次营销活动共同作用的结果。从营销效率的角度看，针对特定目标客群进行有逻辑的长期营销，如同捕鱼前的养鱼过程，养的鱼越多，投入的饲料越丰富，捕鱼时的收益自然越大。这种"养捕一体"的模式，其效率远高于面对不固定客群、逻辑割裂的单次营销活动。这种围绕长周期全局最优，通过不断扩大被覆盖消费者数量，并借助多次营销活动的协同带来增长复利的营销方式，被称为"消费者运营"，它是突破营销活动效率天花板的关键所在。围绕消费者运营的长期增长模式如下图所示。

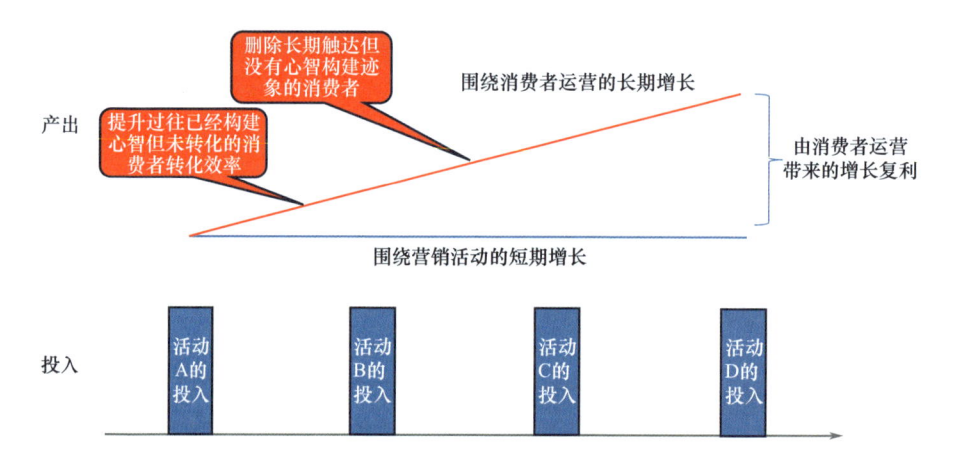

消费者运营在数据层面主要涵盖三个部分。

- Super ID：要求品牌方已构建数据中台，整合多样化、长周期的消费者数据，并打造出强大的 Super ID。只有当品牌方将搜索、广告、电商、CRM、私域等数据整合，形成消费者统一视图后，才能洞察单个消费者在长周期内的心智变化，包括何时初次接触品牌、何时被吸引、何时购买特定商品等行为。

- 消费者阶段分层：从早期的 AIDA 理论到由菲利普·科特勒提出、由巨量引擎在数据层面实施的 O-5A 模型，市场上存在超过 10 种消费者购买决策链的阶段分层。每一层都反映了消费者对品牌认知从浅到深的过程，针对不同阶段的消费者，营销转化效率和 ROI 具有显著不同，且推动心智演进的方法也大相径庭。下图以巨量引擎的 O-5A 模型为例进行说明，有了这样的消费者转化阶段分层，品牌方可以随时了解当前的潜在客户储备情况、接下来推动消费者前进的主要营销策略，以及衡量长期增长的关键指标。

- 消费者转化链路：在品牌方清晰洞悉自身的消费者分层数据之后，必然期望能将更多消费者推向后续阶段。然而，与传统的转化漏斗逻辑相异，消费者的转化并非简单地逐层递进，而是呈现出跳跃性。前文频繁提及的"链路"，正是指在购买行为发生前，消费者在前链路各阶段是如何逐步演进的。仍以巨量引擎的 O-5A 模型为例，主要存在 6 条转化链路。例如，有些消费者原本对品牌一无所知，但在看到广告后直接完成了购买，从 O-5A 模型的角度来看，就是直接从 A1 阶段跃升至 A4 阶段，跨越了 A2 和 A3 阶段，这种链路被称为"直接转化"。

对于品牌方而言，关键任务在于明确不同链路为自身带来的收入构成。若大部分转化源自短期的直接转化（如缺乏品牌效应的白牌产品），那么长期的消费者运营便失去了意义。相反，若大部分转化源自 A3～A4 的先种草后转化的路径（如本土新锐快消品牌），那么利用达人营销进行种草便成了最为关键的营销举措。基于广泛的研究，品牌方最重要的链路大致可归纳为以下 6 种。

	前链路 ←			→ 后链路	
	每一层的转化率都是上一层的 3～10 倍				
	A1	A2	A3	A4	A5
人群定义	了解（Aware） 我听过	吸引（Appeal） 我互动过	种草（Ask） 我已被占领心智	购买（Act） 我买过	复购（Advocate） 我重复购买过
数据定义	・广告曝光 ・进入直播间 ・阅读内容	・广告点击 ・内容的转/评/赞 ・访问品牌方主页	・主动搜索 ・加入购物车 ・链接跳转	・首次购买 ・递交线索 ・下载APP	・复购 ・关注品牌官方账号
营销执行	品牌广告 + IP营销		品牌广告 + 达人营销	搜索广告 + 效果广告	
营销职能	市场团队			电商团队	

进化：做懂数据的营销人

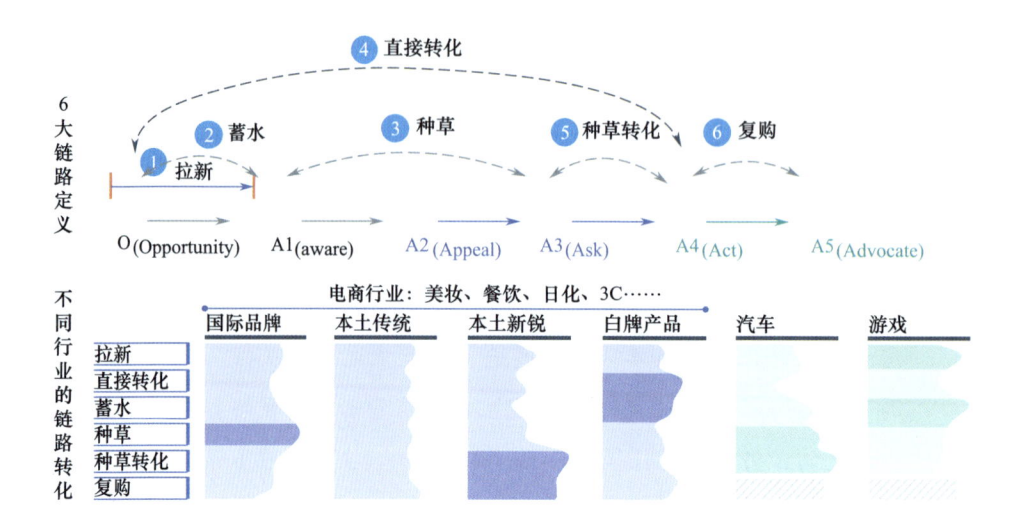

6大链路定义

④ 直接转化
② 蓄水
③ 种草
⑤ 种草转化
⑥ 复购
① 拉新

O(Opportunity)　A1(aware)　A2(Appeal)　A3(Ask)　A4(Act)　A5(Advocate)

不同行业的链路转化

电商行业：美妆、餐饮、日化、3C……

	国际品牌	本土传统	本土新锐	白牌产品	汽车	游戏
拉新						
直接转化						
蓄水						
种草						
种草转化						
复购						

　　举个例子：某运动品牌的前、后链路分别由市场部和电商部负责。从O-5A模型的角度来看，市场部负责前链路的消费者心智构建，以A3种草人群为目标；而电商部则负责后链路的转化，着眼于A4+A5人群所产生的销售额。

　　市场部经过一段时间的努力，A3种草人群数量实现了数倍增长。然而，令人困惑的是，电商部负责的A4/A5人群数量及销售额却未见变化。为何消费者只是观看而不购买呢？两个部门在对各自的营销措施进行复盘后仍不得其解，最终决定联合分析双方数据，从链路角度探寻原因：

- 在数量层面，前链路的A1、A2、A3在过去半年中增长数倍，但A4、A5几乎原地踏步。尽管如此，O-5A的总量仍远超行业平均水平。
- 在转化率方面，其他各层级间的转化率均保持稳定，并领先行业平均水平。唯独从A3到A4的转化率出现了显著下滑。
- 进一步细化至消费者画像，问题便迎刃而解：在近期市场部新增的A3人群中，小镇青年和Z世代占比颇高。然而，在电商部的A4/A5人群中，这两类人群画像的比例却很低，主要以消费能力强的新锐白领、精致妈妈和资深中产为主。

　　结论显而易见：在市场部以A3为目标的策略下，成功吸引了大量对昂贵球衣球鞋感兴趣但消费能力有限的小镇青年和 Z 世代，虽然他们表现出 A3 种草人群的特征（如点击、搜索、加购等），但未能带来短期内的转化。简而言之，喜欢看广告的人买不起，观看者与购买者之间存在偏差。

基于此，品牌方决定调整策略：市场部大幅减少对这两类人群的广告投入，将预算集中于电商部提供的目标画像人群。通过此番 A3 人群的精准纠偏，品牌方在短期内成功将从 A3 到 A4 的转化率提升了超过 20%，电商部的营销 ROI 也相应提升了 40%。

消费者运营是一个庞大且复杂的课题，从阿里的 AIPL 和 Deeplink、巨量引擎的 O-5A 到腾讯的 5R 等，国内各大平台均推出了自己的模型，旨在助力品牌方在平台上实现消费者的长期经营。鉴于本书篇幅有限，无法一一详述。如需深入了解消费者运营的相关知识，请参考笔者撰写的另一本图书《巨量引擎 O-5A 人群资产经营方法论》。

第五节

数据对于营销度量的改变

"我知道在广告（营销）上的投资有一半是浪费的，但我不知道是哪一半"，这句由"百货之父"沃纳梅克在 120 年前提出的深刻疑问，始终如同达摩克利斯剑一般悬挂在营销人员的头顶，同时也催生了数据在营销领域中的核心应用——度量（Measurement）。历经百年发展，营销度量已逐渐演变为一门融合营销、数学统计、IT 技术等多领域的综合性学科，并围绕效果评估、预算分配两大核心命题，催生了"营销科学"这一新名词。本节将重点剖析度量的三大应用场景：投后复盘、反作弊、广告结算。

1. 投后复盘

此环节与营销执行前的预算分配、指标设定紧密相连。营销活动结束后，通过数据来验证指标的完成情况，并在复盘过程中挖掘新的洞察。

以某剃须刀品牌为例，该品牌希望围绕"第二把剃须刀"的主题，引导消费者在已有剃须刀的基础上，再购买一款轻便且充电便捷的电动剃须刀新品。为此，品牌方针对历史用户进行了广告投放，并设计了 4 种使用场景作为卖点：车内备用、办公室备用、出差备用、家中备用。

首次营销活动结束后，品牌方通过复盘发现，购买此新品的消费者主要有三种画像：精致妈妈、都市蓝领和小镇青年。与此同时，品牌方还发现了这三种画像人群关注的具体场景不同。基于这些宝贵的洞察，品牌方在后续的营销活动中调整了目标人群定位、推广策略、直播间的销售话术。经过两个月的调整，此款新品的销售额实现了 54 倍的增长。

	车内备用	办公室备用	出差备用	家中备用
精致妈妈	√	√	√	√
都市蓝领				√
小镇青年		√	√	√

2. 反作弊

31.9%，是秒针系统在其《2019 年度中国异常流量报告》中揭示的"无效流量"（Invalid Value Traffic，IVT）占比，这意味着在国内投放的广告中，有三成并未真实触达消费者。这一现象的根源，既包括恶意制造以骗取广告费的"黑流量"，也涉及因非恶意的技术问题而无意中消耗广告预算的"灰流量"。例如，技术人员在使用爬虫软件抓取页面信息时，可能会无意间触发页面上的广告，若以每秒爬取 1 万个页面、每页含 10 个广告计算，这一行为每秒就能消耗掉数千元的广告预算。

曾有品牌方在投入数十万元购买数字广告后，发现网站浏览量虽激增数十倍，却未带来任何转化，对此深感困惑。笔者在查看品牌方的官网数据后，发现了 3 个异常现象：

第 1 章　数据对于营销的改变

- 流量高峰集中在晚上 11 点至早上 6 点。
- 几乎所有访问者仅在首页短暂停留几秒后便匆匆离开。
- 超过三分之一的浏览量来自国外，且操作系统为非中文版（导致页面显示为乱码）。

笔者认为，这显然是黑客利用群控软件来操控大量被植入木马病毒的电脑进行的广告作弊行为，这些流量均为毫无价值的黑流量。选择夜间作案，是因为许多用户在夜间不关闭电脑以下载电影或运行程序，若在白天，用户看到浏览器频繁自动弹出，便会意识到电脑中毒并采取查杀措施，导致黑客能控制的电脑数量减少。实际上，利用木马群控进行广告作弊是相当初级的手段，或许在黑客眼中，这几十万的广告费根本不值得费心去伪造数据。

若要对抗这种"魔法"，唯有依靠数据。

当前，基于数据的无效流量甄别方法已多达数百种。在我国，由中国广告协会和第三方机构共同推动，将这些方法进行了标准化，并制定了行业通用的国家标准，即 GB/T 34090.2—2017《互动广告 第 2 部分：投放验证要求》。下面仅列举部分数据标准。

- 曝光时间异常：评估打开并浏览广告所在页面的时长和时间数据的合理性，如消费者在一秒内完成打开网页、点击广告、跳转到广告主落地页的行为即被视为不合理。
- 浏览器分布异常：分析浏览器数据的合理性，如大量流量来源于某款低端智能手机浏览器则属异常。
- 时间分布异常：考查浏览广告时间的合理性，如大量浏览行为发生在深夜则值得警惕。
- 地域分布异常：根据 IP 地址对应的地域分布判断合理性，如大量流量集中来自某一个小城市则属异常。
- 行为轨迹异常：分析浏览广告或网页的行为合理性，如消费者打开广告所在页面后直接拉至底部播放页面底部广告即被视为异常。

- ID 异常：评估消费者 ID 的合理性，如显示手机操作系统为 iOS，但识别 ID 却为安卓 ID 则属异常。

3. 广告结算

不同于其他营销执行方式，数字广告在品牌方与平台方之间的结算天生就伴随着信任难题。品牌方倾向于按照消费者实际完整观看广告的行为来计费，而平台方则主张广告一旦曝光在消费者视野中就开始计费，双方对于消费者仅看到但未完整观看的广告是否计费产生了分歧，成为了合作中的矛盾点。为解决这一难题，国内外均引入了新角色：第三方机构。国外知名的机构，如 Nielsen、Sizmek、ComScore 等，国内则以秒针系统为代表。品牌方会委托这些第三方机构在平台方的页面上嵌入代码，以追踪广告的实际效果，并依据第三方出具的结案报告数据进行费用结算。

以品牌方 A 在平台方 B 上投放的广告为例，品牌方 A 希望广告能精准触达女性消费者，但由于自身缺乏女性消费者数据，因此主要依赖平台方 B 的数据。凭借强大的谈判能力，品牌方 A 在合同中与平台方 B 达成一致，仅当广告被女性消费者看到时才支付费用。然而，在结算过程中，品牌方 A 对平台方 B 的标签准确率存疑，不愿完全依赖平台方 B 的数据。于是，双方共同邀请了一个公信力强的第三方 C 介入，第三方 C 在品牌方 A 的广告页面埋入代码，负责收集展示广告的消费者 ID，并根据第三方 C 自身数据库中女性标签的比率，在剔除无效流量后进行结算。

这种模式的矛盾在于，平台方 B 与第三方 C 的数据库可能存在差异，同一 ID 在两者数据库中可能被判定为不同性别，在极端情况下，这种差异甚至可能高达 10%～20%，对平台方而言无疑是一大损失。然而，这种模式却是整个广告交易行业的基础。为确保中立性，第三方机构需要随时接受品牌方和平台方在技术和数据层面的审计。

在结算货币层面（即广告按什么标准结算），当前行业大致将指标分为三类：曝光指标、浅度转化指标和深度转化指标，具体指标因平台而异。对于以曝光和

第 1 章 数据对于营销的改变

浅度转化指标结算的广告，由于存在不确定性，往往需要第三方机构介入，以第三方的数据为准进行结算。但对于以深度转化指标结算的广告，由于平台方已向品牌方承诺了具体结果，因此通常会以平台方的数据进行结算。广告结算的付费模式及说明如下表所示。

指标分类	付费模式	全称	解释	备注
曝光指标	CPT	Cost Per Time	按时间付费，品牌方承包了固定广告位的固定时间	需要由第三方来核实平台方是否涉嫌一货多卖，即把一个广告位的同一时间段卖给多个品牌方
	CPM	Cost Per Mille impression	按广告曝光的次数结算，每千次为一个结算单位	
浅度转化指标	CPC	Cost Per Click	按消费者的点击次数结算	
	CPA	Cost Per Action	按品牌方指定的客户动作结算，例如，进入直播间、增加一个粉丝等	对于动作的定义，需要平台方和品牌方达成一致
深度转化指标	CPS	Cost Per Sales	按实际带来的销售额（GMV）结算	适用于电商行业，如快消、美妆、3C、食品饮料等
	CPL	Cost Per Leads	按表单填写的数量结算	主要适用于汽车、银行信用卡、房产租赁等行业，后期需要品牌方的销售跟进
	CPD	Cost Per Download	按消费者下载APP的数量结算	适用于互联网行业
	CPA	Cost Per Arrival	按消费者的到店数量结算	适用于线下餐饮和服务行业

第 2 章
数据的语境

- 第一节　数据的四方式：数据的来源
- 第二节　数据的三大类：数据的常用类型
- 第三节　数据的两分类和三要素：对人的数据的进一步分类
- 第四节　数据的六环节：数据运营的步骤

第 2 章 数据的语境

营销人在对数据理解的道路上，最大的拦路虎莫过于那些看似熟悉却又陌生的专业术语。每个字都认得，可一旦拼凑起来，便如同迷雾笼罩般让人摸不着头脑。像第 1 章里提到的"第三方数据""Super ID""ID Mapping"，或许已让您在阅读时感到"跟不上节奏"。本章的目的是拆解这些术语，助您顺畅融入专业讨论的语境，防止因理解上的误差而陷入迷茫。若您在阅读第 1 章时毫无障碍，则可直接略过本章。

行业里对于数据的理解有很多维度和称呼，一般可总结归纳为数据的四方式（数据的来源）、数据的三大类（数据的常用类型）、数据的两分类和三要素（对人的数据的进一步分类）、数据的六环节（数据运营的步骤）。

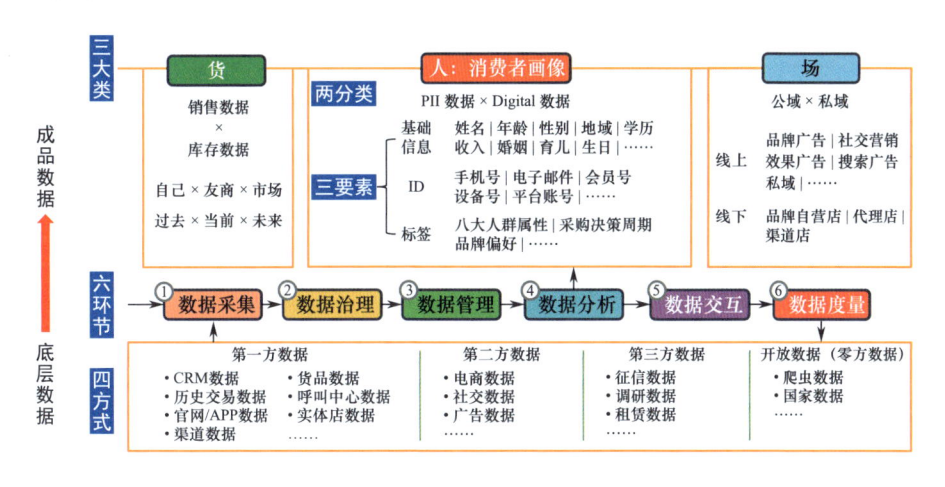

三大类	货	人：消费者画像	场
两分类		PII 数据 × Digital 数据	公域 × 私域
	销售数据 × 库存数据	基础信息：姓名｜年龄｜性别｜地域｜学历 收入｜婚姻｜育儿｜生日	线上：品牌广告｜社交营销 效果广告｜搜索广告 私域｜……
三要素	自己 × 友商 × 市场 过去 × 当前 × 未来	ID：手机号｜电子邮件｜会员号 设备号｜平台账号 标签：八大人群属性｜采购决策周期 品牌偏好｜……	线下：品牌自营店｜代理店 渠道店

成品数据 ↑ 底层数据

六环节：① 数据采集 → ② 数据治理 → ③ 数据管理 → ④ 数据分析 → ⑤ 数据交互 → ⑥ 数据度量

四方式	第一方数据	第二方数据	第三方数据	开放数据（零方数据）
	• CRM 数据 • 历史交易数据 • 官网/APP 数据 • 渠道数据	• 货品数据 • 呼叫中心数据 • 实体店数据 • ……	• 电商数据 • 社交数据 • 广告数据 • ……	• 征信数据 • 调研数据 • 租赁数据 • ……	• 爬虫数据 • 国家数据 • ……

第一节 数据的四方式：数据的来源

通过技术手段采集的原始数据被称为"底层数据"或者"脏数据"，这些数据就好像进入厨房前的食材，数量庞大但难以被直接使用。例如，当某消费者在电脑上浏览了某品牌方的官网，虽然品牌方利用网站分析技术能收集到这个消费者的 Cookie ID、浏览页面的 URL、浏览的时间点等数据，但这些底层数据在被处理前并不会有特别大的价值。底层数据按照采集来源被分为四方式。

- 第一方数据（1st Party Data）：品牌方在自己的渠道采集的属于自己的数据。
- 第二方数据（2nd Party Data）：品牌方在平台上经营自己的私域（微信号，抖音号，天猫店铺等），由平台方采集数据后交给品牌方使用，例如，品牌方有个微信公众号，便可从腾讯的"微信开放平台"拿到这个公众号所有粉丝的数据。
- 第三方数据（3rd Party Data）：品牌方通过付费手段，采购或者租赁的外部数据，但由于数据合规的限制，在国内能使用的第三方数据已经很少。
- 开放数据（Open Data）：也被称为零方数据（Zero Party Data），是品牌方从互联网上收集的公开数据，例如，在 B2B 行业，品牌方可以从政府招投标网站上获取客户的历史采购数据。

第二节

数据的三大类：数据的常用类型

虽然营销中能采集的数据类型非常丰富，但是应用最多的是人、货、场的数据：

- 人的数据：用于描述单个消费者的数据，也被称为消费者画像，是价值被挖掘最深的数据。品牌方的战略、洞察、执行等各环节都是围绕人的数据展开的，甚至很多营销人员所理解的营销数据直接等同于人的数据。
- 货的数据：用于描述自身、友商、全市场的销售数据和库存数据。由于每个品牌方的货品状况都不同，故自身的数据需要品牌方自己采集和分析；友商和全市场的数据需要品牌方经过市场调研或由电商平台提供。

当前国内顶尖的数据资料来自阿里妈妈为入驻商户提供的新品创新中心（TMIC），该中心能告诉品牌方哪些货好卖、新品的研发方向，甚至包括对货品的卖点提炼等。

- 场的数据：用于描述品牌方和消费者在各个场域进行互动的数据。由于技术的限制，不同场域产生的数据各有不同，整体而言，场的数据可分为线上数据（品牌广告、社交营销、效果广告、搜索广告、私域、电商等）和线下数据（品牌自营店、代理商渠道店等）；公域（品牌方的第二方数据、第三方数据）和私域（品牌方的第一方数据、第二方数据）。例如，在搜索场，品牌方能获取围绕不同关键词展开的搜索量、点击量、成交量等数据；在社交场，品牌方能获取账号的粉丝数、阅读量、点赞量等数据。

第三节 数据的两分类和三要素：对人的数据的进一步分类

对于营销中使用最多的人的数据可以分为两分类和三要素。

1. 两分类

数据的两分类，即 PII（Personal Identifiable Information）数据和 Digital 数据。两种数据的采集方式、识别 ID 和数据合规要求各有不同：

- PII 数据就是消费者的地址、电话、年龄、性别等数据，这些数据会跟随消费者一生且很少发生变化，并受到更加严格的数据合规要求，必须由消费者自愿填写，即经消费者同意后才能收集和使用。

- Digital 数据是由消费者所持的手机、电脑、PAD 等设备产生的行为数据，消费者可以同时持有多个设备，并且设备的持有者可随时发生变化。合规的数据收集途径应当包含清晰明了的个人隐私政策，确保消费者已被充分告知，若消费者未明确表示反对，便可进行数据的收集与利用，这一标准相较于 PII 而言，略显灵活、宽松。

两分类	数据类型	采集方式	ID	数据合规要求
PII	消费者的基础信息（年龄、性别、地域、收入等）	消费者授权填写的真实属性数据	手机号、电子邮箱、地址等	消费者授权、自愿填写
Digital	消费者的行为数据（广告的浏览记录、点击量等）	根据消费者的行为进行的算法猜测	手机自带的设备号、电脑的 Cookie 等	在明确个人隐私声明后，若消费者没有明确反对便可进行收集

下面以消费者的收入数据为例来说明 PII 数据和 Digital 数据的不同。例如，某消费者的实际年收入为 10 万元，其作为公司采购人员经常负责购买奢侈品。在加入某奢侈品会员时，填写了个人年收入为 25～50 万元，因此，在品牌方的 CRM 中记录的 PII 数据是该消费者的年薪为 25～50 万元。而品牌方通过分析消费者的历史购买金额和当前广告点击行为发现，此消费者每年采购金额高达数十万元，并且常年浏览高价商品，因此记录的 Digital 数据是该消费者的年薪为百万以上。

从这个案例可以发现，消费者的真实情况、PII 数据和 Digital 数据三者之间存在偏差。在这个现象的背后是数据合规对于消费者隐私的保护，即用于营销的数据在机制上故意造成的不精准。

2. 三要素

一条经过加工、能完整描述消费者画像的数据包括三个要素。

- **基础信息**：包括年龄、性别、地域、学历、收入、婚姻状况等，必须由消费者自愿填写，属于消费者隐私的范畴。
- **ID**：消费者的识别码。在数字营销的世界里，数据拥有者对于消费者的识别并不是真实姓名，而是各种识别 ID（全世界唯一，不存在重名），并且由于不同场域的技术限制，故对于消费者的识别 ID 有很多种。以下是营销行业中常见的 14 种消费者识别 ID，包括 4 种 PII 数据的 ID、10 种 Digital 数据的 ID，其中有些 ID 在国外比较常见，但在国内很少使用（如 IP 地址、电子邮箱和家庭地址）；有些 ID 只在国内数字营销生态圈存在（如 Open ID、CAID 和 OAID），在业内，IMEI/IDFA/安卓 ID/CAID/OAID 也被统称为设备号（Device ID）。

PII数据		
ID名	解释	有效期
手机号	实名制，从电信运营商处获得	很少变化
电子邮箱 家庭地址	国外的常规ID，但国内很少使用	
会员ID	品牌方的CRM赋予消费者的ID	

Digital数据			
ID名	解释	有效期	设备
IP地址	IP地址是设备在上网时由电信运营商临时发放的网络地址。该地址在国外是固定不变的，故会在营销中使用。但在国内，该地址是动态的，重启即变化，故很少在营销中使用	设备重启即变化	所有设备
MAC地址	MAC地址是基于网卡的ID，每个有网卡的设备都有MAC地址	跟随网卡不可变化	所有设备
IMEI	IMEI是手机的序列号，可对应到手机品牌和型号，是营销中最常用的ID	跟随手机不可变化	手机/PAD
IDFA	IDFA由iOS系统研发，是专为iPhone/iPad设备设计的广告标识符。自iOS 14版本起，消费者可自行选择隐藏此标识符		手机/PAD
安卓ID	安卓ID由安卓系统研发，是专为安卓设备设计的广告标识符。自安卓Q版本后，消费者可自行选择隐藏此标识符		手机/PAD
CAID	CAID系国内自主研发，专为苹果iOS系统打造，以实现合规的匿名身份标识		手机/PAD
OAID	OAID系国内自主研发，专为安卓操作系统打造，以实现合规的匿名身份标识		手机/PAD
User ID	消费者在不同平台注册的会员号	不变	微信
Open ID	Open ID是微信为品牌方提供的一种User ID，以实现对加入公众号的粉丝身份标识	不变	平台
Cookie	Cookie是基于网页浏览器的ID，主要适用于电脑端，亦可在手机及智能电视的浏览器中使用，虽在国内营销中较少使用，但在国外仍在普遍使用	15天，可技术延长	浏览器（主要是电脑端）

（IMEI、IDFA、安卓ID、CAID、OAID 也被统称为设备号）

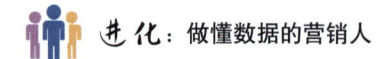

- 标签：即把各种纷繁复杂的底层数据简化成营销人员可理解、可使用的标签。行业内通用的简化逻辑为"5W1H"，即 Who（消费者属性）；Where（消费者的地理位置）；What（消费者购买的货品）；When（消费者采购决策阶段）；Why（消费者的购买动机）；How（消费者的购买渠道）。下图是一个虚拟案例，某 30 岁女性消费者刚生完宝宝，希望购买一辆汽车（俗称保姆车），以便解决自身及宝宝的安全出行问题。汽车的品牌方在整合了手中掌握的广告数据/社交数据/官网数据等后，将数据简化为 6 个标准化标签。

5W1H	标　　签	注　　释
Who	精致妈妈	已婚有娃，消费水平属于中高水平，年龄在 25～35 岁，城市女性（注：行业通用的"8 大人群标签"）
When	A3 种草人群	已经将货品放入购物车；搜索品牌或商品关键词超过三次；已经递交预约试驾需求的深度互动消费者（注：行业通用的"O-5A"人群标签）
What	中高端 MPV	根据消费者的广告行为，汽车品牌方判断消费者的主要倾向车型是号称保姆车的 MPV
Why	母婴	消费者经常浏览母婴类内容，因此汽车品牌方判断消费者的购车动机是为孩子准备保姆车
Where	北京	消费者的手机定位常年在北京，因此汽车品牌方判断后续工作由北京的 4S 店跟进
How	抖音 XX 4S 店	消费者主要通过抖音浏览汽车的相关内容，并通过定位数据判断消费者离 XX 4S 店较近

第四节

数据的六环节：数据运营的步骤

要把庞大的数据管起来和用起来，共需要 6 个步骤，这就好比饭店的美食在上桌前，需要经过食材采集、清洗、烹饪等多个环节，但大部分食客（营销人员）只能看见最后的上桌环节，以及在抱怨菜品质量时关注的烹饪环节，而看不到前期"水面下"的动作。完整的数据运营包括如下6个步骤。

❶ 数据采集：从无到有的数据采集，相当于把食材从菜地中拔出。

❷ 数据治理：对于原始数据的第一轮粗加工，相当于食材的清洗，治理后的数据是干净的，但是价值密度低，没有太多有价值的使用场景。

❸ 数据管理：也就是经常说的"数据中台"，在IT层面把数据分门别类地进行存储和管理，能达到"放得进去，理得清楚，拿得出来"的标准，相当于把食材放到对应的仓储货架上。

❹ 数据分析：是对数据的第二轮精加工，即从繁到简，把多样、复杂的数据变成简单、营销人员可理解的数据标签，相当于大厨将食材烹饪为菜肴的过程。

❺ 数据交互：在处理完数据后，把数据输出到内外部各个应用系统中使用，相当于菜肴的上桌环节。

❻ 数据度量：这是数据运营闭环的最后一步，也是最容易忽略的一步，即对营销数据的使用进行效果评估，并根据评估结果来优化之前的5个步骤，相当于饭店对于消费者的菜肴意见进行反馈收集。

第 3 章 数据的运营逻辑

- 第一节　数据采集：能使用的底层数据
- 第二节　数据治理：原始数据的第一轮粗加工
- 第三节　数据管理：营销数据中台
- 第四节　数据分析：数据的第二轮精加工
- 第五节　数据交互：成品数据的输出
- 第六节　数据度量：数据闭环的复盘和优化
- 第七节　张师傅买菜刀故事的复盘与解读

第3章　数据的运营逻辑

对于很多营销人员来说，数据已经融入日常工作中的每个环节，但是对于数据从哪里来、有哪些数据可以用、数据怎么运营等问题却是很多营销人员的知识盲区。本章的目标是帮助营销人员拆除两个认知障碍：一是展开数据语境，了解一下在专业沟通中的数据术语（这也是本书后续章节的基础）；二是拆解数据运营的6个步骤，以便讲清楚数据的来龙去脉。

对于营销人员而言，研读本章内容虽充满挑战，却也极具价值。当前，众多知名品牌已设立与首席营销官（CMO）地位相当的首席数据官（CDO）职位，专门负责数据运营，这足以证明数据与营销一样，都是广博且专业的领域。诚然，本章的学习难以使营销人员迅速成为数据专家，但它能构建起一个坚实的认知框架，确保营销人员不被错误信息误导，并在面临挑战时能够有条不紊地思考应对策略，从而游刃有余地处理日常营销工作。

本章也从一个小故事开始。

> 张师傅今年退休并且有一定积蓄，为了养老刚购买了一套新房。当前房间里处于缺少很多日用品的状态。对比年轻人的电商购物，上了年纪的张师傅对线上支付心存疑虑，更加相信比较传统的电视购物中货到付款的方式。
>
> 今天，张师傅在电视购物节目中看到主持人在竭力推销一把A品牌、价格为399元的菜刀，据说A品牌是欧洲某国具有300多年历史的皇室品牌。张师傅有点被打动并且厨房正好缺少一把，就拨打了屏幕下方的400电话，并与电话销售人员聊了一会儿。在沟通过程中，张师傅觉得电话销售人员把菜刀说得过于神奇，反而引起了他的怀疑，再加上价格也不便宜，便没有马上在电话中下单，想再进一步了解一下。
>
> 张师傅先打开电脑，使用某搜索引擎查询了A品牌的官网，点击进入后发现A品牌对于自身拥有的300年历史讲得很清楚，并且在国内有上百个大商场的专柜，看上去就是很有实力的正规大品牌。然后，张师傅打开某短视频APP查看菜刀的开箱评测，看到多个菜刀领域的达人都给出了"真是一把好菜刀"的评价。张师傅继续观察几个主流电商平台上关于A品牌的售后评价，好评率达到了99%。最后，张师傅去了实体店试用了一下真

刀，真刀让人爱不释手，只是价格比电视购物节目中的价格贵 100 元，于是张师傅放弃了直接在实体店购买的想法。

回到家中，张师傅回拨了 400 电话选择货到付款，当天下午快递就到了，通过扫描快递员提供的二维码支付了费用。这把菜刀的美观度和实用度都远超预期值，张师傅非常开心，觉得自己发现了一件身边人不知道的好东西，于是拿起手机拍了张和菜刀的合影，之后发到社交媒体上，文案写的是"欧洲皇室专用的 A 品牌菜刀果然好用"，并且打上了"#A 品牌"的标签。

以上故事虚拟了一个普通消费者稍显复杂的采购决策过程。在下面的几个小节中，希望大家带着以下三个思考点进行阅读。

- 哪些角色在张师傅买菜刀的决策链路中能收集到数据？
- 通过这些数据，不同角色对于张师傅的理解有多深？
- 若这些角色意图影响张师傅的决策，依靠数据能采取哪些措施？

第一节
数据采集：能使用的底层数据

站在品牌方的视角，当前能采集的数据是非常丰富的，可按照数据的四方式来拆解。

一、第一方数据（1st Party Data）

第一方数据的优势是数据由品牌方自主采集，主要是已经购买货品的用户数据，以及访问了品牌方 APP/网站/实体店的高意向消费者的数据，数据质量非常高，是品牌方独有的数据资产；劣势是品牌方很难收集到足够体量和密度的

Digital 数据来对消费者形成更广、更深的认知。

总结来说，第一方数据能帮助品牌方做好存量用户的维系，但很难支撑其产生大规模的增量或破圈，是品牌方数据资产的基本盘，但在今天的数字营销生态中这些数据还远远不够，需要外部的第二方、第三方数据进行补充。

由于不同品牌方所处行业、规模和业务模式的不同，能采集到的数据有很大差别，当前品牌方能收集的第一方数据主要包括以下几种。

数据名称		数据描述	主要品牌方	数据采集方式	消费者 ID
PII 数据	CRM 数据	消费者在注册会员时自愿录入的数据，包括年龄、性别、地址等基础信息	零售/汽车/美妆/教育等重 CRM 的行业	消费者自愿录入	• 手机号、电子邮箱 • 会员号
PII	历史交易数据	消费者的购买数据，包括采购金额、采购时间、采购货品、使用折扣、采购地点等	所有行业	收银交易系统	• 会员号 • 移动支付 ID
	货品数据	品牌方的货品库存和销售数据	所有行业	ERP 系统	—
	呼叫中心数据	消费者通过电话与品牌方的电话销售进行沟通时的数据，包括售前/投诉等数据	B2B/房产/金融/电信运营商等行业	呼叫中心系统	• 手机号 • 会员号
	渠道数据	代理商销售渠道的数据，包括代理商自身的名字、地址等基本信息，有些行业的品牌方会要求代理商回传完成购买的消费者数据	汽车/B2B/3C 等大部分销售由代理商完成的行业	代理商上报	• 手机号
Digital 数据	官网/APP 数据	消费者在访问品牌方自建的网站/APP 时产生的行为数据和几乎所有的 Digital ID	金融/互联网/电信运营商等需要超级 APP 的行业	网站分析技术	• Digital ID • 手机号
	实体店数据	由在实体店内布设的数字设备收集到的消费者 ID 和行为数据	零售行业	红外线、蓝牙、探针、摄像头、POS 机	• MAC 地址

其中，CRM 数据、历史交易数据等涉及个人隐私信息（PII）的收集途径，沿袭了以往的做法，主要源自消费者在注册会员时的主动提供，以及在业务运营过程中自然而然生成的货品数据、呼叫中心数据、渠道数据。这部分内容因其直观易懂，故在本节中不再赘述。接下来将重点剖析后两类——Digital 数据的具体构成。

1. 官网/APP 数据

官网/APP 数据也被称为日志数据，是消费者访问品牌方官网或者自建 APP 过程中产生的行为数据，包括消费者 ID、浏览来源、浏览记录、点击记录等。以消费者用电脑访问品牌方官网的场景为例，品牌方能收集到的数据包括：

- Cookie ID（消费者使用电脑浏览器的唯一识别码）。
- 用户名（消费者登录网站后输入的用户名）。
- 当前浏览页面的 URL。
- 消费者的服务器和 IP 地址。
- 购物车数据（消费者没有立即付款但已放入购物车的商品信息）。
- 浏览来源（如果消费者是在其他页面点击 URL 而进入官网，则能找回上一层的 URL）。
- 电脑的操作系统、浏览器的软件信息。
- 自定义的营销代码。

这些数据由网站分析技术进行收集，即品牌方在官网和 APP 中嵌入特定代码，等消费者访问时触发这些代码就能自动收集数据了。网站分析技术在国内外都是成熟应用，国外以 Google Analytics（占据约全球七成市场份额）和 Adobe Analytics（前身为著名的 Omniture）为主要工具，国内主要由秒针系统、神策、GrowingIO、诸葛 IO 等提供网站分析解决方案。如果对于这个领域有兴趣，则推荐阅读由神策创始人桑文锋撰写的《数据驱动：从方法到实践》一书，可以从技术层面得到更加专业的回答。

对于品牌方来说，官网/APP 数据是第一方数据中最珍贵的，因为这是品牌方能以极低成本大量收集到 Digital ID，并且能将各种 ID 打通的唯一路径。在后文中会提到数据的初级玩家和中级玩家的分水岭在于"ID 打通"的能力。在当前的数据生态下，品牌方若欲掌握这一核心能力，其唯一途径就是拥有一个用户体量庞大的超级 APP，并通过网站分析技术实现多种 ID 的打通。ID 打通的难点并不在技术本身，而在于品牌方要运营一个高日活的 APP，这一任务的艰巨程度远超在微信生态中积累粉丝，需要非常强的应用场景来作为基础支撑。行业内的极致标杆是肯德基围绕点餐场景建立的 APP，用户数超过 4 亿，这一成就几乎无人能及。

2. 实体店数据

在如今的品牌方线下店铺里（如大卖场/超市、汽车 4S 店、3C 直营店等），有丰富的技术能收集到消费者是谁（ID）、路过哪里（动线）、看了什么货品（拿起什么商品）、是否购买等数据，应用的主流技术和能收集到的数据包括：

- 红外线：最原始的数据收集技术，能探知经过设备的人数和时间点，但无法获取经过的人具体是谁（即收集不到任何 ID），一般用在实体店的门口，用来统计每天的人流量。
- 蓝牙与探针：这是原理类似的两种技术。当消费者携带未关闭蓝牙或 Wi-Fi 搜索功能的手机踏入实体店，一旦进入蓝牙或探针的感应区域（通常可覆盖几米至几十米的范围），其就能捕捉到手机的唯一标识符——UUID（针对蓝牙）和 MAC 地址（针对 Wi-Fi）。然而，它们的收集能力仅限于这些 ID 信息以及相应的时间戳，对于消费者具体的行为细节则无从知晓。以一家汽车制造商在大型车展上的展位为例，他们在展位上部署了一个覆盖范围达 10m 的小型探针设备，恰好可覆盖整个展台区域。车展当日，共有 1 万部手机从其探测范围内经过，其中，5000 部手机的 Wi-Fi 搜索功能处于开启状态，因而被成功记录下了 MAC 地址。更进一步地，通过细致的时间分析，系统识别出有 1000 名访客在展台前驻足超过 10min，并积极参与试驾，进行车辆咨询。对于车企而言，这 5000 个 MAC 地址就构成了潜在消费者的基础数据库，而那 1000 个长时间停留的 MAC 地址，则被视为高度意向客户，值得后续进行重点关注与跟进。

- 摄像头：作为线下数据收集的佼佼者，摄像头不仅能捕捉覆盖区内的人脸图像，更可通过 AI 图像解析，洞悉消费者的多样行为，如商品的拿取、试用、比对及价格查看等细腻动作。
- POS 机：消费者在支付时，打印在购买小票上的数据，包括货品名称、时间点、价格、支付方式、信用卡号等数据。

数年前，实体店数据的丰富性让众多品牌方备感兴奋，不惜投入重金对实体店进行升级，并且催生了"智能店铺"的概念。然而直至今日，这些实体店数据在营销中几乎没有存在感，究其原因，主要有三个。

- 数据合规：这是最重要的原因，除通过红外线技术获取的数据外，其他数据都存在数据合规问题，即在收集数据时并没有征得消费者的许可，特别是通过摄像头获取的人脸数据已经侵犯了消费者隐私，在 2019 年的 3·15 晚会中，行业也开始把探针定性为违规手段。在当前行业中，品牌方对于实体店数据的采集非常谨慎，甚至是敬畏且抵触的。
- 数据成本：在单个店铺中部署数据采集设备至少需要数千元的投入，对于店铺众多的品牌方而言，累积成本颇为可观。并且，目前尚缺乏有效手段证明这些数据能带来显著的增量收入，因此，从成本角度而言，品牌方对于通过部署数据采集设备带来增量收入的方式是存疑的。
- ID 匹配：由于不同实体店产生的数据基于不同的 ID，故难以通过 ID 匹配来拼合多种数据，进而难以描绘消费者进店后的"看→试→买"的完整行为链条。此外，很难打通实体店数据与线上数字营销的主流数据 ID，导致线下数据收集难以有效支撑线上的广告投放，从而形成了事实上的数据孤岛。

二、第二方数据（2nd Party Data）

第二方数据，即在外部渠道上产生的属于自己的数据，主要是指品牌方在平台上产生的数据，包括社交媒体的粉丝数据、电商的用户数据、媒介的广告数据等，由平台方采集后提供给品牌方。平台方向品牌方提供数据的路径有两种。

- 路径1：平台方直接向品牌方提供底层数据。
- 路径2：平台方借助数据工具向品牌方开放底层数据的使用权，但数据本身不可被品牌方获取。

鉴于数据合规的考量，行业对路径1持有较大的保留态度。根据数据合规的相关规定，消费者在访问平台方的网站或应用程序时，仅在用户隐私声明中被明确告知平台将进行数据收集，而对于后续平台方将数据传递给品牌方的行为是否合规，平台方是存疑的。另外，从平台方的角度看，其向品牌方提供数据的初衷在于期望品牌方能将更多的预算分配至自身平台。然而，一旦品牌方获取了足够详尽的底层数据，他们便能清晰地对比不同平台之间的效率，并据此进行预算调整，这对众多平台方而言显然是不利的。因此，平台方对于直接向品牌方提供底层数据的方式缺乏足够的积极性。

当前，路径1主要由大型平台方采用。例如，微信向品牌方提供公众号粉丝的ID、性别、注册地等详细信息，具体可访问微信开放平台并查阅"微信开发者手册"；而淘宝则提供快递单数据，涵盖消费者购买商品的快递单地址、电话、姓名及货品名称等，但为遵循数据合规原则，电话、姓名和地址等敏感信息会进行脱敏处理。具体来说，手机号仅展示前三位与后四位，中间四位以星号替代。只有当消费者在品牌方的天猫店铺注册成为会员，并同意会员条款中的用户隐私声明后，品牌方才能获得完整的手机号数据。

近年来，国内外平台方正逐步倾向于采用路径2，即围墙花园模式（Walled Garden）。在此模式下，平台方为品牌方提供数据工具，内含品牌方在平台方中积累的全部底层数据。这些数据已经过平台方的精细加工，旨在助力品牌方实现更好的营销效果。然而，品牌方在使用这些数据工具时，无法获取任何原始底层数据。此模式的先驱与典范当属阿里的品牌数据银行（Data Bank）和新品创新中心（TMIC）。2020年以来，围墙花园模式呈现显著增长态势，除阿里的品牌数据银行和新品创新中心外，还涌现了如巨量引擎的巨量云图、腾讯的知数与有数、快手的磁力方舟、京东的数坊，以及百度的观星盘等数据工具，它们已成为大型平台方为品牌方赋能的标准配置。

以巨量引擎旗下的巨量云图数据工具为例，它汇聚了品牌方在巨量引擎营销活动中累积的各类底层数据，涵盖了人群、内容、广告、货品、粉丝等多个维度，年处理数据量高达百PB级别。此外，巨量云图不仅对这些海量数据进行了精加工，还提供了包括O-5A人群资产、IDEA内容资产等在内的标准化数据标签，并特别为高端品牌方打造了可满足其个性化需求的数据工厂。

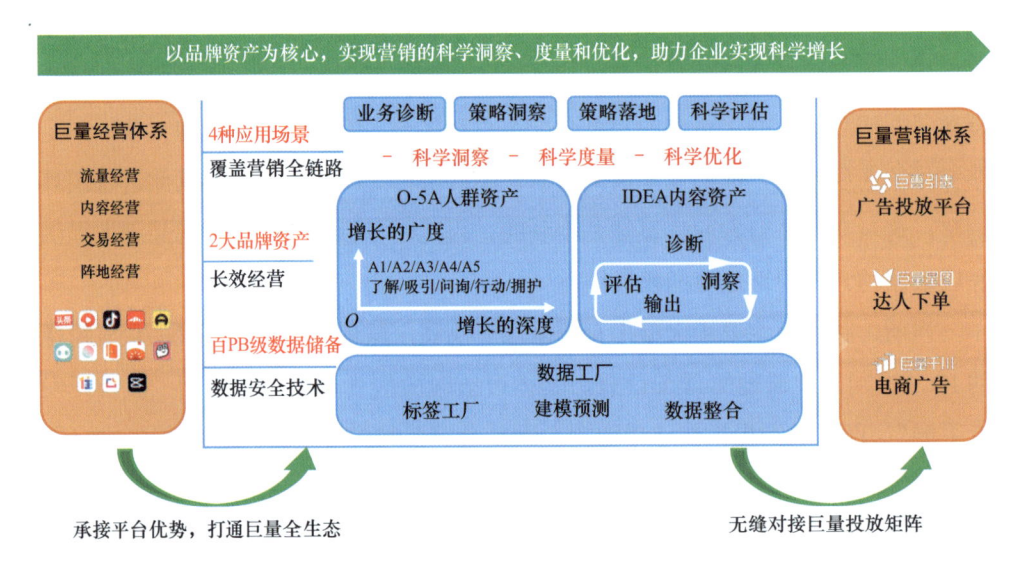

以品牌资产为核心，实现营销的科学洞察、度量和优化，助力企业实现科学增长

巨量经营体系			巨量营销体系
流量经营 内容经营 交易经营 阵地经营	4种应用场景 覆盖营销全链路 2大品牌资产 长效经营 百PB级数据储备 数据安全技术	业务诊断　策略洞察　策略落地　科学评估 — 科学洞察　— 科学度量　— 科学优化 O-5A人群资产　　IDEA内容资产 增长的广度　　　　诊断 A1/A2/A3/A4/A5　　评估　洞察 了解/吸引/问询/行动/拥护　　输出 O　增长的深度 数据工厂 标签工厂　建模预测　数据整合	巨量引擎 广告投放平台 巨量星图 达人下单 巨量千川 电商广告

承接平台优势，打通巨量全生态　　　　　　　　无缝对接巨量投放矩阵

平台方倾向于采取路径2的核心目的在于既为品牌方提供高质量数据，以优化其营销效率，又造成品牌方无法直接获取底层数据以进行跨平台比对，从而促使更多品牌方的预算流向自己。显然，这与平台方自身的利益相契合。因此，平台方在数据工具的研发上倾注了大量资源，历经多年建设，国内各大平台方的数据工具已日趋完善。品牌方无需在技术与人才上额外投入，仅需要简单操作数据工具，便能轻松构建消费者画像、行业深度分析及趋势精准预测等高级数据应用，显著降低了数据应用的门槛，此正为第二方数据的显著优势。

第二方数据的局限在于，品牌方能获取哪些数据完全由平台方决定，数据精加工的口径也由平台方主导，且各平台掌握的底层数据资源及对数据的理解存在显著差异，品牌方很难对平台方的数据处理逻辑施加影响。举例来说，某品牌方同时深耕多个平台，前链路广告平台告诉品牌方其 60% 的目标消费者是女性，统计口径是将观看女性相关内容的受众识别为女性；而后链路电商平台告诉品牌方其 40% 的目标消费者是女性，统计口径是将经常购买女性用品的消费者识别为女性。面对这两个截然不同的数据比例，品牌方往往会陷入两难，难以判断哪个平台的统计更为准确，从而难以准确把握目标消费者的真实性别分布。

三、第三方数据（3rd Party Data）

品牌方可通过"买"或"租"的方式获取非自有的外部数据。在大数据进入国内的早期阶段，市场上涌现出形形色色的大数据交易中心，各类数据琳琅满目，几乎无所不包，只有想不到，没有买不到的数据。然而，经过十几年的行业变迁，因数据合规的要求，第三方数据因难以事先取得消费者的许可而被视为不可交易，直接购买第三方数据的做法也近乎绝迹。当下，品牌方利用第三方数据主要采取以下 5 种方式。

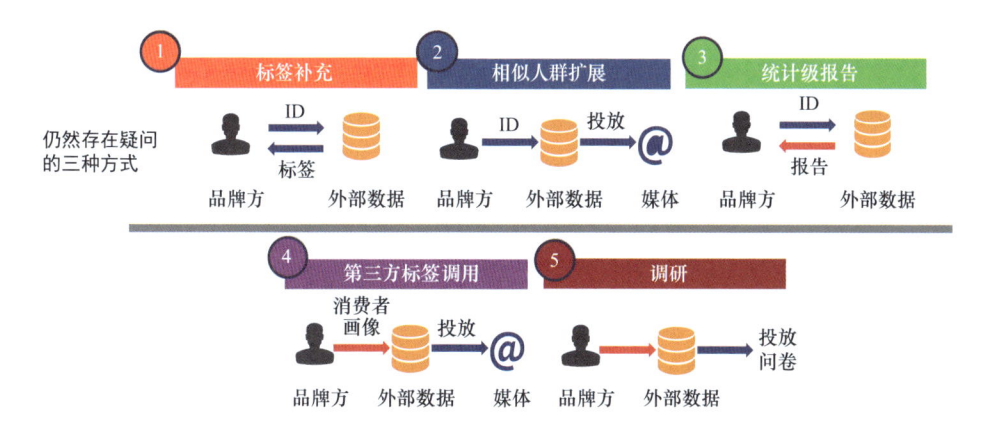

1. 标签补充

标签补充，即品牌方为现有 ID 补充的属性标签，其过程是品牌方将需要补充属性标签的 ID 提交给外部数据方，由外部数据方完成标签的补充并返还。例如，品牌方在其自有 APP 中收集了众多消费者 ID，但仅凭自有数据难以全面了解这些 ID 背后的消费者性别、年龄、收入等信息，因此，品牌方会寻求外部数据方为这些 ID 补全相应的属性标签。

2. 相似人群扩展

品牌方将少量自有 ID 提交给外部数据方，以便外部数据据此识别并锁定更多具有相似特征的受众群体进行广告投放，这是数字广告领域内的一种普遍策略。举例来说，品牌方拥有 10 万个用户 ID，并希望通过破圈找到更多新用户，故将以上 ID 提供给外部数据方。外部数据方经过分析后发现，这些 ID 主要归属于"精致白领"群体。鉴于其数据库中拥有 1000 万个"精致白领"的 ID 资源，外部数据方便将 1000 万个 ID 导入广告投放系统以执行广告推送。在此过程中，品牌方并不会直接获取额外的 990 万个相似人群 ID。唯有当广告投放后，这些新 ID 背后的消费者产生了购买行为或访问了品牌方的官方网站、APP、电商店铺等，品牌方才能捕获并记录这些新 ID。

3. 统计级报告

品牌方将自有 ID 提交给外部数据方，外部数据方在其数据库中为这些 ID 精准匹配多维标签，并据此生成统计分析报告。以品牌方欲洞悉其 CRM 系统在本年度新增的消费者画像为例，虽然现有数据能揭示消费者的购买行为，但对于消费者的年龄、性别、地域等基础属性知之甚少。此时，便需借助外部数据方的力量来填补这一空白。与标签补充方式不同的是，统计级报告仅提供各类标签的分布比率，而不会涉及具体 ID 的详细标签信息。

4. 第三方标签调用

第三方标签调用，亦称数据租赁，其运作机制为：外部数据方先向品牌方展示其数据资源概况，随后品牌方根据需求选定所需数据类型，并指示外部数据方基于其提供的消费者画像进行广告投放。在此过程中，品牌方全程不接触任何底层数据，以确保底层数据仅供使用而不可被转移或获取。

5. 调研

调研是一种传统方法，其过程是品牌方通过与调研公司合作，发放问卷以收集消费者反馈。但在此过程中，品牌方不会获取被调研对象的联系方式或ID信息。

总之，第三方数据使用的合规原则：品牌方不得获取未经消费者授权的新ID。当前，对于前三种使用模式，业界也提出诸多质疑。原因在于，品牌方在数据交互的过程中需要向外部数据方提供自有ID，而在技术上难以确保外部数据方不会私自留存这些信息，从而造成数据合规风险。在国际上，第三方数据依然是品牌方获取数据的重要途径之一；然而在国内，由于尚未探索出合规的使用路径，第三方数据的应用正逐渐走向没落。

四、开放数据（Open Data）

开放数据也被称为零方数据，是指通过技术手段批量获取的互联网上的免费公开数据。在如今的互联网上，存在很多免费数据，例如，社交媒体上KOL和粉丝的互动数据、B2B行业的政府招投标数据、维基百科上的名人资料、旅行网站的航班数据等。通过爬虫（Net Spider）技术，各方可以以极低的成本把这些数据扒取下来并应用在营销中。只要寻得恰当的应用场景，开放数据依然是营销的宝贵资源。

开放数据的优势是成本和使用门槛都很低，一个懂Python或R语言的大学生可以在几小时内按照爬虫技术的配置实现数百万条数据的采集。有很多"聪明的头脑"基于开放数据找到了好的商业模式，例如，爬取航班的准点率、上座率和价格数据来预测机票未来的售价，告诉消费者何时购买机票最便宜；实时爬取电商的价格数据，告诉消费者同样的产品在哪个店购买最优惠等。这些在国外已是成熟的商业模式。

开放数据虽以低成本和低门槛著称，但在国内B2C领域，其应用面临数据合规的严峻挑战。任何针对消费者数据的爬取，若未经原数据拥有者（如航空公

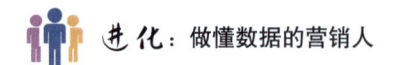

司、电商平台）授权，均涉及商业情报的窃取问题。因此，大多行业对开放数据的使用持谨慎态度，仅在 B2B 领域有成体系应用，后文将对此进行介绍，这里不再赘述。

第二节
数据治理：原始数据的第一轮粗加工

仅通过初步采集的底层数据被称为不能使用的"脏"数据，主要原因有三个。

- 异常数据的干扰：异常数据干扰是一个常见问题，其成因多样。例如，笔者曾遭遇一种情况：某个设备号每日产生的数据量，竟相当于数十万台手机所产生的数据总量。经深入检查发现，原来是一家山寨手机厂商为降低成本，未遵循行业标准为每台手机分配唯一设备号（因购买不同设备号段需向行业标准组织付费），导致该品牌所有手机共用了同一设备号。

- 数据格式不统一：因技术采集来源多样，故数据格式常存差异。例如，手机号可能以数字型（如 13812345678）或字符型（如 +86 13812345678）等形式出现。若数据使用者需要使用这些手机号进行外呼，则在导入呼叫中心系统前，必须根据系统要求将其格式统一。

- ID 不统一：因为各技术采集的消费者识别 ID 的类型多样，故在行业中常用的 ID 超过 15 种。数据拥有者需要通过 ID 匹配来整合同一消费者在不同触点产生的数据，以全面追踪其从广告曝光、内容浏览到购买行为的全链路决策过程。若 ID 不统一，则这些底层数据将如孤岛般孤立无援，难以实现互联互通。

若要解决以上三个问题，则数据拥有者必须通过三个数据治理动作来对底层数据进行第一轮粗加工，把脏数据清洗成干净数据。

一、异常数据清洗

若要清洗异常数据，则数据人员首先需要根据行业经验和规则假设来找到这些异常数据（例如，手机号应是 11 位的，那任何不是 11 位的手机号就是异常数据），然后，评估异常数据是否有修复的可能，毕竟数据来之不易。举例来说，消费者在填写会员信息时因字迹潦草或者笔误把一些常规的邮箱填错，只要这些错误足够常见和明显，数据人员就能将其甄别出来并修正，例如，消费者填写的邮箱数据是 abcsina.com，因缺失了"@"而成为异常数据，只需要补全"@"，就能将其修复。而无法修复的数据，只能删除处理。

二、数据标准化

对于不同数据间的格式差异，已有成熟的 ETL 软件，如 Informatica、DataStage 等提供解决方案。技术人员通过简单配置，即可将持续生成的底层数据统一格式。例如，面对消费者所在城市的三种表述——A 数据源为"上海"，B 数据源为"shanghai"，C 数据源为"上海市"，技术人员可先设定 A 数据源格式为标准格式，再将 ABC 三种数据源接入 ETL 软件，并配置"shanghai -> 上海"与"上海市 -> 上海"两条转换规则，最后，源自这三种数据源的所有数据均被统一为"上海"。

三、ID 匹配

数据治理是数据运营环节中的一大难点，也是当前衡量品牌方数据能力强弱的关键指标。下图展示了品牌方可能收集的各种 ID。

数据类型		PII 数据					Digital 数据			
	手机号	手机号	会员号	电子邮箱	移动支付 ID	IP 地址	Cookie	*设备号	MAC 地址	微信 Open ID	平台 User ID
第一方数据	CRM 数据	√	√	√							
	历史交易数据	*√	√		√						

（续表）

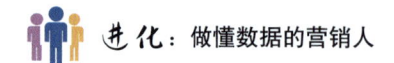

	数据类型	PII 数据				Digital 数据				
		手机号	会员号	电子邮箱	移动支付ID	IP地址	Cookie	*设备号	MAC地址	微信Open ID	平台User ID
第一方数据	呼叫中心数据	✓	✓								
	官网/APP数据	✓				✓	✓	✓	✓		
	实体店数据				✓				✓		
第二方数据	电商数据	加密后									✓
	社交数据	✓								✓	
	广告数据					✓	✓	✓			
第三方数据	调研数据										
开放数据	爬虫数据										✓

* 设备号：包括 IMEI、IDFA、安卓 ID、CAID、OAID；

* ✓：受限于技术或消费者许可，仅能拿到部分数据而非全部。

从上图可以看到，不同数据类型的 ID 可分为三类：第一方 PII 数据的手机号/会员号；第一/二方 Digital 数据的 Cookie/设备号/MAC 地址；第二方数据的平台 User ID 和微信 Open ID。其中，不同数据类型间交叉最多的是手机号。

ID 匹配有两种技术路径。

- 路径 1：IP 同源算法。在数据传输过程中，每当数据流经网关或路由器时，会被赋予一个 IP 地址，且同一网关或路由器的 IP 地址保持一致。基于此技术原理，可运用匹配算法来合理推测：在同一时间点，共享同一 IP 地址的各设备 ID 归属于同一消费者。下图即为 IP 同源算法的示意图。

第 3 章 数据的运营逻辑

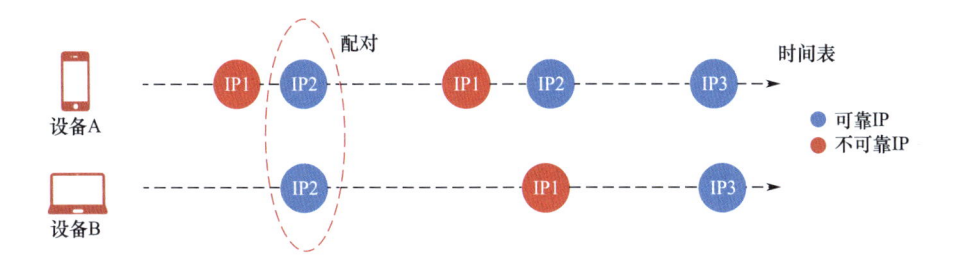

- 路径 2：多场景 ID 匹配。通过消费者与品牌方的多次交互，每次交互数据均可捕获消费者的多个 ID。当收集到的数据在数量和种类上均达到一定规模时，即可实现 ID 的高效贯通。例如，消费者在三天内共产生了 5 次关键行为数据，借助设备号、会员号及手机号等信息，成功打通了 6 种 ID。

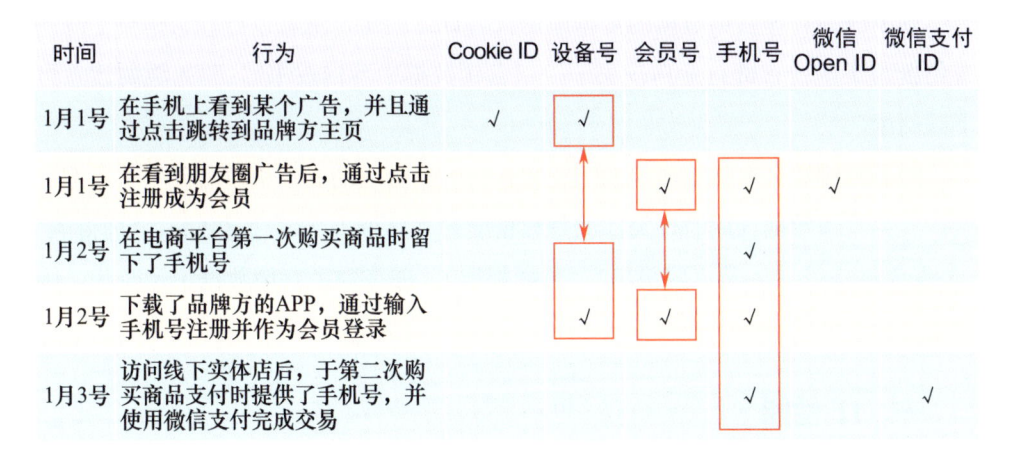

时间	行为	Cookie ID	设备号	会员号	手机号	微信 Open ID	微信支付 ID
1月1号	在手机上看到某个广告，并且通过点击跳转到品牌方主页	√	√				
1月1号	在看到朋友圈广告后，通过点击注册成为会员			√	√	√	
1月2号	在电商平台第一次购买商品时留下了手机号				√		
1月2号	下载了品牌方的APP，通过输入手机号注册并作为会员登录		√	√	√		
1月3号	访问线下实体店后，于第二次购买商品支付时提供了手机号，并使用微信支付完成交易				√		√

在上述案例中，两个关键消费者行为显著促进了多种 ID 的打通：一是下载品牌方 APP；二是成为会员时输入手机号。前者对品牌方而言颇具挑战，因国内消费者手机平均安装 100 个 APP，但每月仅使用约 40 个，若要促使消费者安装新 APP，则品牌方需要提供充分的理由和应用场景，除酒店预订、机票购买、点餐、智能驾驶、金融等少数场景外，品牌方通常难以说服消费者安装其 APP。相比之下，后者的难度较低，这也解释了为何品牌方会不遗余力地鼓励消费者留下手机号成为会员。在当前数字营销生态中，只有拥有高日活 APP 的平台方才能占据 ID 匹配数据能力的制高点。

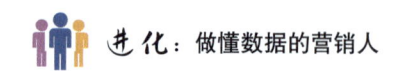

第三节
数据管理：营销数据中台

在经过前两个步骤获取了干净数据后，接下来的任务便是构建数据库以进行数据管理，这一步骤标志着数据能力从初阶迈向中阶。早在 20 年前，营销领域便引入了营销数据仓库（Marketing Data Warehouse）的概念，旨在管理 CRM 数据。而在 2019 年阿里提出的"数据中台"理念在业界引起轰动后，"营销数据中台"逐渐成为管理营销数据的数据库的代名词。同年，笔者以秒针营销科学院的身份撰写了国内首部行业白皮书——《营销数据中台白皮书》，感兴趣的读者可下载阅读。

随着营销数据在量与质上的飞速增长，数据管理的要求也随之发生了质的飞跃。若说营销数据仓库时代关注的是数据能否"存得进"（数据存储）、"理得顺"（数据库结构设计）及"取得出"（数据提取），那么到了营销数据中台时代，则需要考量更多层面的内容。

一、IT 性能

海量数据的存储与实时数据交互对数据管理的 IT 性能构成了严峻挑战。以程序化的竞价广告场景为例：

- 当某消费者打开某 APP 时，该 APP 对应的平台方会识别消费者 ID。
- 平台方向 A/B/C 三个品牌方的营销数据中台发送该 ID，询问它们是否希望该消费者看到广告、愿意出价多少，以及展示何种内容。
- 三个品牌方各自在 ID 数据中查询后，发现该消费者 ID 均为其目标受众。根据 ID 对应标签的重要性，它们分别为一次广告展示出价 0.1/0.2/0.3 元。
- 最终，出价最高的品牌方 C 获得广告展示机会。

第 3 章 数据的运营逻辑

- 根据该消费者 ID 的标签决定推送的广告内容，并提供给平台方。

如此操作后，一次广告便呈现在消费者面前。整个过程需遵循 40~50ms 的行业标准，共完成 5 个标准动作，这对平台方和品牌方的数据交互速度提出了极高要求。如果说营销数据仓库时代的数据存储与交互如同马拉车，那么如今的营销数据中台则已普遍迈入高铁时代。

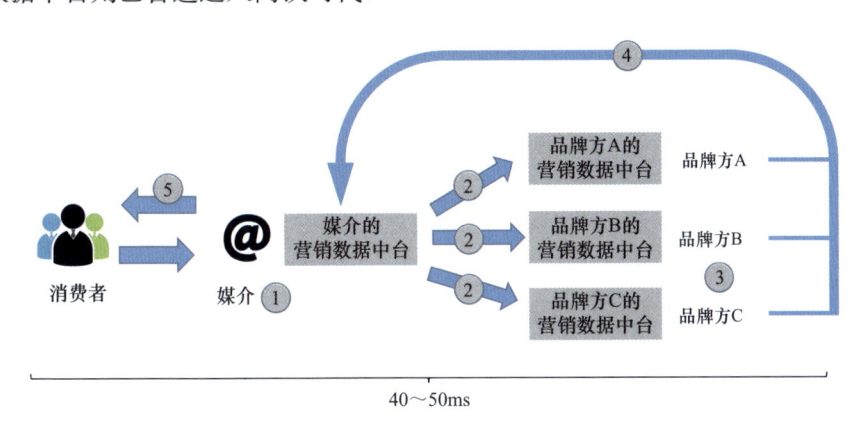

二、ID 匹配

前文已述，ID 匹配是数据运营的核心能力，因此，内置丰富 ID 匹配规则的数据处理模块已成为营销数据中台的必备功能。当前，为品牌方构建营销数据中台的服务商，已不再是单一的 IT 技术提供商，而是那些自身拥有数据资源，并对 ID 匹配规则有深刻理解的外部数据方（如国内的秒针系统、HYPERS、深演、TalkingData 等）。品牌方 ID 管理的终极目标被称为"Super ID"，即在实现各类 ID 打通后，为每位消费者自定义一个唯一的母 ID。例如，某消费者拥有 15 个不同的营销通用 ID（如会员号、手机号、设备号、Cookie 等），品牌方因缘际会完整地收集了这些 ID，并经过分析确认它们均归属于同一消费者。此时，ID 管理模块会为该消费者分配一个自定义的母 ID，而收集到的 15 个 ID 则作为子 ID 归属于这个母 ID 之下。如此操作后，所有 15 个子 ID 产生的数据均能关联至母 ID，以实现统一视角下的数据分析与应用。

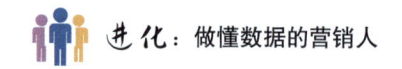

三、商业智能

商业智能，即数据报表。在当前众多数据应用场景中，并不总是需要细化至 ID 颗粒度的清单数据，很多时候，粗颗粒度的数据聚合便足以满足需求。例如，CMO 每月都会关注广告覆盖的消费者画像与实际购买的消费者画像是否存在偏差，以确保广告投放的精准度。这一需求仅需通过报表系统配置几个图表，并设定报表数据每月自动更新即可实现，无须数据人员每次都去提取底层数据进行分析。此外，随着品牌方营销团队职能的高度细分，各团队的需求及对应数据差异显著。专业的报表系统（如 Cognos、Tableau、Qlik 等）已具备为不同需求提供差异化数据展示、数据下钻及多维汇总等高级报表功能。

四、数据分析

虽然如今拥有海量数据并非难事，但在实际应用中，还需根据自身需求对数据进行深度加工，以生成各类标签。有的大品牌方已拥有上千种标签，但仍难以满足全部营销需求。因此，各种数据挖掘软件（如 Matlab、SAS、SPSS 等）已成为当今营销数据中台的必备工具。

五、API 接口

随着当前数据在营销中的应用场景日益丰富，众多营销人员或营销系统均需从营销数据中台获取数据，但随之带来三个核心问题：数据提取的实时性、不同需求下数据提取口径的一致性，以及不同需求对应的数据访问权限。这些需求最终推动了 API 接口技术（亦被称作无头技术，Headless）的发展，即数据提取不再依赖人工编写代码，而是通过高性能的预设数据 API 接口实现自动化数据的获取。形象地说，这就如同特定人员从仓库取物时不再需要进入仓库，并在堆满货物的货架间费力寻找，而是仓库在门口开设了小窗，以实时、高效的方式为特定人员提供所需物品。

六、数据安全

仓库的安保是否存在漏洞,以致外人能轻易窃取货品?仓库管理员是否会监守自盗?这是营销数据中台必须解决的另一大难题:数据安全。随着技术的日益复杂,数据安全领域的漏洞也呈指数级增长,甚至催生了"社会工作者"这一专门利用技术漏洞窃取数据用于非法活动的职业。例如,2019年德国某企业就遭遇了超过500GB客户数据(包括姓名、电话、电子邮箱等)被窃取的事件,并因此被勒索数千万美元。

由此可见,当前行业对营销数据中台的需求已远超传统仓库式的数据管理功能,而是涵盖了从数据采集到数据运营的全链条。随着需求的不断累积与升级,营销数据中台的构建成本也随之飙升。据笔者所知,截至2023年,部分品牌方在营销数据中台上的投资已超亿元,这对于大多数品牌方而言都是难以承受的。因此,除大而全的模式外,营销数据中台开始呈现出另一种趋势:根据实际应用场景衍生出轻量级变种。当前,行业普遍认可的中台模式包括三种:DMP(数据管理平台)、CDP(客户数据平台)和Data Lake(数据湖)。

对比要点	DMP	CDP	Data Lake
投资(RMB)	百万级	百万至千万级	千万级+
核心应用定位	数字广告投放	消费者全链路运营	品牌方整体的数字化转型
使用者	营销部门	前端部门(营销+销售+客服+渠道……)	前、后端所有部门
实施周期	1~6个月	1~2年	更久
存储数据	消费者ID和投放的标签	所有与营销相关的人的数据	在公司数字化转型的过程中,涉及人/货/场的所有数据
核心特点	• 和广告投放媒介的API对接 • 毫秒级的数据输出	• 围绕消费者链路的所有数据 • 为前端部门的各个应用场景提供统一/高价值的消费者数据	• 打通营销/生产/渠道等各方面数据 • 构建各种复杂的个性化使用场景

虽然行业对上述三种中台模式均有明确定义,但落实到具体品牌方的需求

时，往往是三者的融合体，这就导致每个营销数据中台都各具特色。例如，常能听到这样的需求："我需要提升广告投放的精准度，同时做好客户细分，最好还能管理微信的私域流量"，即重 DMP 轻 CDP 的模式；"我需要实现对消费者的全链路管理，同时也希望查看消费者的产品使用数据及友商销量，以反哺新品设计"，即重 CDP 轻 Data Lake 的模式。

在过去几年间，营销预算过亿的大型品牌方基本都已构建了自有中台来管理数据，而预算有限的品牌方则选择了平台方提供的数据工具（也称作第二方数据中台，如前文提及的巨量引擎的巨量云图、阿里的品牌数据银行等）。此时，行业内出现了一种争议：既然自建营销数据中台耗时耗力且存在技术失败的风险，为何不直接使用平台方的数据工具呢？笔者对此的回答如下。

- 如果品牌方的业务和营销模式相对简单，且大部分营销预算都在几个平台上，这些平台的数据工具已经能满足需求，则没有必要自建中台。
- 如果品牌方的业务模式和营销模式很复杂，有很多个性化的应用场景，甚至在考虑 DTC 营销和生产一体化的数字化转型模式，则投资自建营销数据中台就是必选项，此时投资的时间点很重要。随着时间的推移和技术的成熟，同样技术的中台价格会有大幅下降，例如，笔者在 2017 年参与的 CDP 投资超千万，而到了 2023 年，业内最便宜的 CDP 报价已低于百万。

第四节
数据分析：数据的第二轮精加工

"数据是石油，但属于贫矿"，这是行业内某位专家的名言。它意指尽管当前能收集到涵盖消费者观看内容、点击行为、所在位置等各类数据，但数据运营的核心在于助力品牌精准触达目标消费者，而非窥探其隐私。大部分数据与这一目标尚存差距。例如，消费者点击了某品牌广告，其购买意愿或许高于未点击者，但两者间的差异是否显著呢？不一定。了解消费者的地理位置与其购买意向的关联性大吗？也不一定。

如何将这些低价值的贫矿数据精炼为高价值的成品数据，即转化为营销人员与业务部门能理解和应用的消费者标签，是数据分析环节亟待攻克的难题。数据分析的深度直接关乎数据拥有者对数据价值的挖掘程度，好比顶级食材既能烹制成米其林星级大餐，也能成为街边的麻辣烫。数据分析主要采取两种方式：一是非结构化数据的结构化；二是数据科学。

一、非结构化数据的结构化

将非结构化数据转化为结构化数据，这一术语或显拗口。下面先来明确一下"结构化数据"的概念：它指的是数据遵循既定标准格式或预设值存在，如品牌方 CRM 系统中的消费者性别，被规范为"男""女""不确定"，以及过去三个月的消费金额，以标准的人民币数字形式记录。品牌方可以轻松分析此类结构化数据，得出性别构成比例、过去三个月的平均/最高/30 分位消费金额等结论。货和人的 PII（个人识别信息）数据大多属于此类结构化数据。

然而，用户的 Digital 数据则多呈现非标准化特征。例如，在社交媒体和电商平台上，消费者对品牌方的评价是自由输入的，每条评价都是独一无二的。品牌方无法逐条审阅，若欲了解消费者对品牌的喜好或厌恶比例、商品讨论中的主要优缺点、与竞品的对比等分析结论，首要任务便是将这些非结构化的 Digital 数据转化为结构化数据。实现这一目标的方法主要有两种：一是语义分析+情感分析；二是知识库。

1. 语义分析 + 情感分析

这两种数据分析手段是人工智能的一个重要分支。语义分析（Semantic Analysis），简而言之，就是将消费者的整段文字拆解为不同词汇，并通过这些词汇来理解消费者的表述内容。情感分析（Sentiment Analysis）则是在语义分析的基础上更进一步，不仅要理解消费者说了什么，还要深入分析他们的情绪倾向，如喜好或厌恶。这两种分析通常遵循以下 5 个步骤：

❶ 建立词库：在浩瀚的汉语词汇中，定义需要分析的目标词汇。市场上存在众多开源的汉语词库，常用工具如 R 和 Python 均能提供支持，实现这一步并不困难。

❷ 数据收集：收集需要分析的非结构化数据。

❸ 拆词：根据词库，把成段文字拆成所需的词汇。

❹ 分析：基于拆完的词汇，根据出现的次数、排列组合模式、正负向情感表达等，为数据打上需要的标签。

❺ 改进词库：根据分析结果不断优化词库，添加一些在初始阶段未考虑或可能引起误解的词汇。例如，"小米"虽为某 3C 品牌名，但在社交媒体上也可能指代粮食，因此需通过设定条件来排除此类干扰数据。

举个例子：某汽车品牌方期望从社交媒体中筛选出近期有购车意向的潜在客户。为此，他们先构建一个包含自家品牌名称、竞争对手品牌名称，以及"试驾""买车"等核心关键词的词库。随后，他们从社交媒体上广泛收集不同消费者的发言数据。当某消费者的发言中出现"试驾"和"××款汽车"这两个关键词时，便触发了数据的自动抽取与分析机制。分析结果显示，该消费者已处于采购决策链的中后期阶段，主要关注价格与驾驶性能，并且对 ×× 款汽车持有积极态度。因此，该消费者被视为在品牌方广告投放时需要重点覆盖的目标对象。

"语义分析＋情感分析"的一战成名事件发生在 2016 年的美国大选期间。特朗普在竞选预算仅为对手 60% 的劣势下取得了胜利。在事后复盘时认为，仅占特朗普预算 3% 的剑桥分析

消费者的原句	品牌方词库
今天我去某4S店试驾了××款汽车，这款车的驾驶感觉真不错，就是贵了一点	• 自己的品牌名 • 友商的品牌名 • "试驾""买车"等关键词……

拆词

有用的词汇
××款汽车｜驾驶感觉｜贵｜4S店｜试驾｜真不错

无用的词汇
一点｜就是｜这辆车｜去｜我｜今天……

分析

关键词	标签
4S店｜试驾	采购决策链的中后期阶段
贵	关注点1：价格敏感型
驾驶感觉	关注点2：驾驶性能
真不错	对××款汽车持有积极态度

（Cambridge Analytica，CA）起到了关键作用。CA 利用 Facebook 数据为 5000 万人打上 32 种标签，并通过精准投放 Facebook 广告来影响选民的倾向。CA 的 CEO 亚历山大·尼克斯曾断言："仅需 68 个社交媒体点赞，我就能推断出一个人的肤色、性取向、政治倾向、智力水平、宗教信仰、是否饮酒或吸毒，甚至其父母是否离异等全面信息。"例如，CA 发现迈阿密某区域有大量海地移民聚居，于是针对性地投放了关于竞争对手基金会在海地地震后滥用救灾款的消息，结果该地区的居民几乎全部投票给了特朗普。

选举结束后，CA 因获取社交媒体数据的合法性争议及操纵选举的指控而面临起诉，最终逐渐淡出公众视野，其 CEO 也被捕入狱。暂且搁置法律问题，单从学术角度来看，这种结合社交数据、语义分析与社交营销的策略，无疑是一次跨时代的创新之举。至 2020 年选举时，特朗普的广告预算中已有 70% 投向了 Facebook。

到了 2023 年，"语义分析＋情感分析"领域又迎来了新变革——ChatGPT 的诞生。它不仅超越了简单的拆词和词汇分析，还能深入理解消费者语言的深层含义，并能给出恰当的回应。由于 ChatGPT 的影响力广泛，此处不再对 ChatGPT 进行额外介绍。笔者想要强调的是：在数字营销领域，技术的飞速发展已远远超越了当前的实际应用水平。

2. 知识库

除了社交数据和电商评论，广告数据与地理位置信息等同样属于非结构化数据的范畴。消费者每日可能浏览数千个 URL 网页，并产生数千个包含经纬度的位置数据。这些 URL 和经纬度，作为单纯的字符与数字组合，本身并不具备实际意义，且无法穷尽列举。若品牌方希望了解消费者所浏览的内容（即 URL 网页的具体信息）及其所在位置（经纬度对应的实际地点，如饭店、商务楼或小区），则需将这些 URL 字符和经纬度数字转换为易于理解的业务标签。这个过程便是通过知识库来实现的。

知识库，简而言之，就像一个翻译工具，它记录了每个 URL、经纬度及其对应标签的映射关系。例如，通过对某个 URL 网页的内容进行语义分析，发现该网页是关于足球比赛的报道，那么频繁访问此 URL 的消费者就可能会被标记为"运动爱好者"。至于经纬度的知识库，则通常由地图公司维护，并通过 API 向外部提供服务（如百度地图开放平台）。数据拥有者只需输入经纬度数据，即可获取这些位置对应的详细标签信息。

二、数据科学

单条底层数据在营销中的价值相对有限。例如，品牌方对所有消费者进行盲目广告投放，与对仅点击过一次广告的消费者进行追投相比，效率提升并不显著。然而，当将各类数据整合起来进行深入分析时，就会出现截然不同的情况。某消费者单次点击广告可能并不足以表明其有强烈的购买需求，但若他在几小时内连续点击多次广告（广告数据），随后搜索品牌关键词（搜索数据），并最终在电商平台上将商品加入购物车（电商数据），则该消费者实现购买转化的可能性将大大增加。

以巨量引擎为品牌方提供的 O-5A 人群细分模型为例，该模型综合了广告、社交、搜索、直播、电商等多维度数据，根据消费者的行为特征，精准定义了他们对品牌方的购买意愿。其中，A1（了解）阶段代表消费者仅通过观看广告或进入直播间等浅层行为对品牌有所认知；A2（吸引）阶段则涉及点赞、分享、评论等中度互动行为；而 A3（种草）阶段则表现为消费者主动搜索、加入购物车及点击链接跳转至电商页面等深度参与行为。在广告投放实践中，从盲目投放转向针对 A1、A2、A3 各层级消费者的精准投放，每次消费者细分跃迁都能带来转化效率和 ROI 的数倍提升。

然而，在实际操作中，由于消费者产生的数据量庞大且多元化，已无法像数据库营销时代的 RFM 模型那样，轻松形成几个固定的标准范式，这就要求数据分析师（Data Analyst）必须不断学习更先进的算法，逐步进化为数据科学家（Data Scientist），利用数学算法将复杂数据精炼为消费者标签。这一过程被称为数据科学（Data Science）。虽然数据科学的应用远不止于构建标签，但在营销领域，打标签无疑是其核心应用场景之一。

第 3 章　数据的运营逻辑

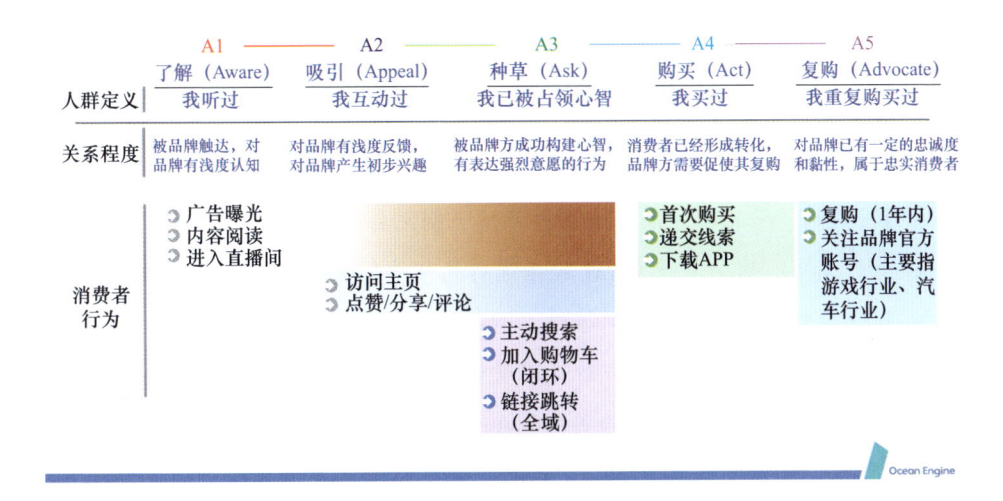

	A1 了解（Aware） 我听过	A2 吸引（Appeal） 我互动过	A3 种草（Ask） 我已被占领心智	A4 购买（Act） 我买过	A5 复购（Advocate） 我重复购买过
人群定义	我听过	我互动过	我已被占领心智	我买过	我重复购买过
关系程度	被品牌触达，对品牌有浅度认知	对品牌有浅度反馈，对品牌产生初步兴趣	被品牌方成功构建心智，有表达强烈意愿的行为	消费者已经形成转化，品牌方需要促使其复购	对品牌已有一定的忠诚度和黏性，属于忠实消费者
消费者行为	◦ 广告曝光 ◦ 内容阅读 ◦ 进入直播间	◦ 访问主页 ◦ 点赞/分享/评论	◦ 主动搜索 ◦ 加入购物车（闭环） ◦ 链接跳转（全域）	◦ 首次购买 ◦ 递交线索 ◦ 下载APP	◦ 复购（1年内） ◦ 关注品牌官方账号（主要指游戏行业、汽车行业）

现实中，笔者常听到数据拥有者以标签数量来彰显自身实力。但实际上，标签并非越多越好。打标签的真正目的，在于支撑具体的营销场景。因此，应根据实际需求来决定构建哪些标签。笔者所了解的标签体系，大致可分为以下几种。

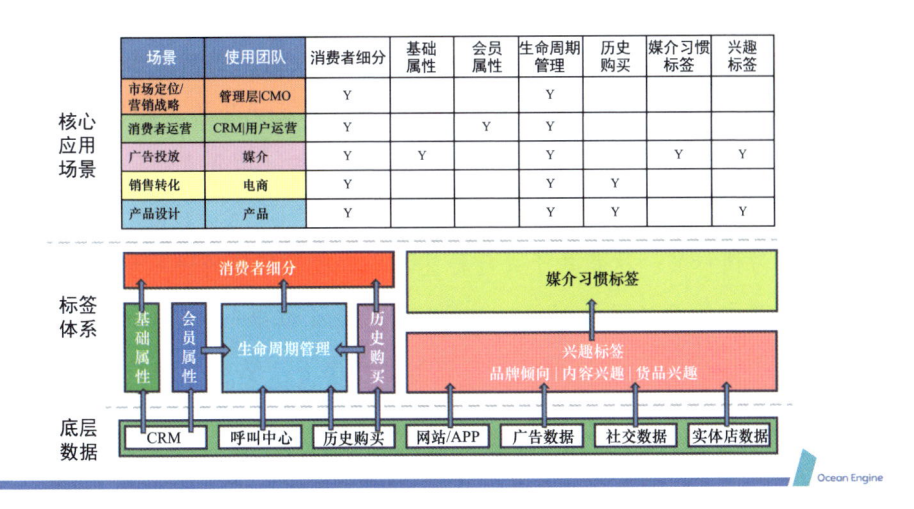

	场景	使用团队	消费者细分	基础属性	会员属性	生命周期管理	历史购买	媒介习惯标签	兴趣标签
核心应用场景	市场定位/营销战略	管理层|CMO	Y			Y			
	消费者运营	CRM|用户运营	Y		Y	Y			
	广告投放	媒介	Y	Y		Y		Y	Y
	销售转化	电商	Y			Y	Y		
	产品设计	产品	Y			Y	Y		Y

标签体系：消费者细分、基础属性、会员属性、生命周期管理、历史购买、媒介习惯标签、兴趣标签（品牌倾向｜内容兴趣｜货品兴趣）

底层数据：CRM、呼叫中心、历史购买、网站/APP、广告数据、社交数据、实体店数据

- 基础属性：涵盖消费者的年龄、性别、地域、学历、收入及婚姻状况等属性数据。然而，这些信息往往过于碎片化（细分过度会导致可用数据减少），且与消费者近期的购买需求关联不大。因此，在实际应用中，这些

数据通常会在被聚合为更粗颗粒度的消费者细分方式后使用。

- 消费者细分：这是基于基础属性、历史购买等数据进行的粗颗粒汇总，旨在解决"消费者是谁"（Who）的问题，为品牌定位和营销策略提供重要数据支撑。例如，电商行业常将消费者分为 8 大人群（如 Z 世代、精致妈妈等），而品牌方则会根据自身情况制定自定义的细分逻辑。
- 会员属性：这是基于 CRM 数据进行的用户细分，如在酒店行业中将会员划分为金、银、铜等不同等级。
- 生命周期管理：作为另一种支撑营销策略的粗颗粒度消费者细分方式，它主要解决"消费者何时购买"（When）的问题。例如，巨量引擎的 O-5A、阿里的 AIPL、电通的 AIDA 等都是此类模型。在具体应用时，需要结合历史购买、会员属性等数据来判断。每个品牌方可根据自身销售漏斗的分层逻辑，来决定如何配置消费者生命周期管理的标签。
- 历史购买：这是基于消费者历史采购数据生成的标签，包括购买的商品种类、金额、购买时间以及购买渠道等。
- 兴趣标签：这是基于消费者海量的 Digital 数据，预测其未来消费可能性的标签。它涵盖品牌倾向（消费者对品牌方及竞品的喜好程度）、内容兴趣（消费者偏好的媒介内容），以及货品兴趣（消费者关注的品牌方的具体商品 SKU）。
- 媒介习惯标签：这是基于兴趣标签在广告投放领域的进一步提炼，旨在了解消费者接受的媒介形式（如偏好抖音或小红书）、电商习惯（如在哪个电商平台的购买率更高）及广告触达频率等，从而指导品牌方合理分配广告预算。

在以上标签中，消费者细分与生命周期管理两种标签至关重要：消费者细分明确了消费者是谁，这是品牌方在战略、产品、营销、销售全过程中不可或缺的核心数据；生命周期管理则揭示了消费者在品牌方构建的销售漏斗中的状态，包括潜在用户总量、营销覆盖人数、实际转化人数等，并通过分析不同漏斗层级的数据，发现问题并采取相应的优化措施。

三、使用标签举例

理解上述标签构建的过程或许显得枯燥，下面通过几个实例来领略数据被赋予标签后的巨大价值。

1. 标签分析：告诉品牌方不知道的消费者画像

在某个国外案例中，品牌方来自慈善募捐行业，依赖广告吸引消费者参与募捐。尽管他们积累了多年的募捐者数据，包括募捐金额、电子邮箱和募捐时间等，但对于募捐者的真实身份，仅通过小规模样本调研得出的初步结论，将其划分为生活稳定的中产阶级、富裕阶层以及有爱心的宠物饲养者三类画像，并围绕这些群体制定营销策划方案。

当笔者参与该项目时，品牌方希望尝试利用外部数据进行新用户拓展。他们首先将历史募捐者数据提供给外部数据方进行消费者画像分析，结果却令人大吃一惊。原来，绝大部分历史募捐者其实都符合一个由5个标签共同定义的特定画像：黑人、女性、领取退休金、低收入、信教。而原先假设的三类画像所占比例并不高。这一发现颠覆了品牌方的认知，揭示了募捐动机并非富者帮助穷者，而是穷者之间的相互帮助。

在深入分析原因时，品牌方意识到，过去的样本调研受限于"常识"，忽视了"信教的黑人退休低收入女性"这一重要群体，导致他们未能针对性地投放问卷。实际上，小样本调研往往只能验证已有的假设，而难以突破思维局限去发现新的目标群体。而在如今的大数据时代，每个消费者都被赋予了成百上千个标签，这使得品牌方能够更深入地了解自己的消费者，发现许多原本不为人知的消费者特征。

2. 细分标签：资源分配优化和差异化打法带来的效率提升

某B2B品牌方以往依据客户的购买金额来分配资源，即购买量越大，客户享受的折扣越丰厚，获得的服务也越周全。这种客户细分方式在维护存量客户方面表现出色，但也存在明显缺陷，即它忽视了两种重要的增量客户类型：竞争对手的大客户以及成长迅猛的新兴客户（如因获得风险投资而产生大量采购需求的客户）。

针对这一问题，笔者为品牌方设计了一套客户购买潜力预测模型。该模型综合考虑企业的规模、所属行业、融资状况及成立年限等多维度数据，通过算法生成了一个反映客户未来购买潜力的标签。这一创新使得品牌方能够从单一的历史购买维度扩展到历史购买与购买潜力相结合的双维度客户细分，从而实现了资源分配的优化与差异化营销策略的制定。

该模型仅实施半年时间，品牌方就成功从竞争对手的大客户那里争取到了大量预算份额，市场份额显著提升了数个百分点。与此同时，还挖掘了几个刚刚完成融资的超大型新兴客户，仅凭这几个客户就完成了多款产品的全年销售目标。

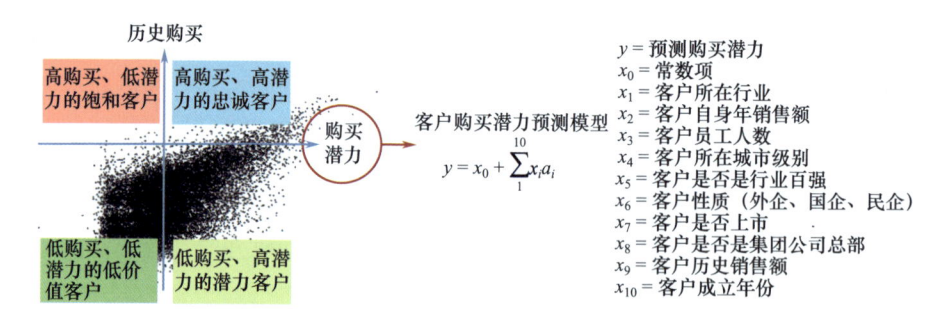

历史购买

高购买、低潜力的饱和客户	高购买、高潜力的忠诚客户
低购买、低潜力的低价值客户	低购买、高潜力的潜力客户

客户购买潜力预测模型

$$y = x_0 + \sum_{1}^{10} x_i a_i$$

y = 预测购买潜力
x_0 = 常数项
x_1 = 客户所在行业
x_2 = 客户自身年销售额
x_3 = 客户员工人数
x_4 = 客户所在城市级别
x_5 = 客户是否是行业百强
x_6 = 客户性质（外企、国企、民企）
x_7 = 客户是否上市
x_8 = 客户是否是集团公司总部
x_9 = 客户历史销售额
x_{10} = 客户成立年份

3. 个性化人群细分：寻求数量和质量间的最佳平衡

某美妆品牌方长期将广告投放目标锁定在精致妈妈、精致白领和 Z 世代这三类消费者画像上。然而，他们面临两大挑战：一是产品相对小众，针对这三个标签覆盖的上亿消费者进行广告投放效率低下，品牌方希望精炼消费者标签，缩减投放规模以提高效率，即在相同预算下覆盖更少的消费者，但提升每位消费者的广告触达频次和质量；二是三条核心产品线的卖点及目标客群各不相同，品牌方期望为每条产品线找到更具差异化的消费者画像，以避免所有产品广告都面向同一群体。

在深入分析消费者的搜索、广告和电商数据后，品牌方发现，消费者在购买商品前的一段时间内，往往会频繁在搜索、广告、电商等渠道中涉及功效、成分、气味、使用场景等关键词，且这些关键词在三条产品线间存在差异，成为识别近期有购买意向潜在消费者的关键。

最终，品牌方将原本基于年龄、性别、收入等基础属性划分的8大人群标签，与这些关键词搜索或浏览行为数据相结合，精炼出了3个独具品牌特色的消费者画像：A产品的甜美女孩、B产品的滋养青年、C产品的抗衰女郎。采用这3个新标签后，尽管广告覆盖人群数量有所减少，但在随后的几个月内，品牌方在电商平台的消费者购买量却实现了一倍的增长，投资回报率（ROI）也提升了超过90%。

第五节
数据交互：成品数据的输出

在获取了高质量数据之后，接下来的关键步骤是通过数据交互将数据投入使用。以往那种利用U盘复制数据直接交付给使用者的方式早已过时。当前，数据交互环节面临着三大挑战。

- 数据合规：在数据交互的各个环节，任何接触过数据的使用者都有可能将数据留存并用于其他目的。例如，品牌方将多年积累的用户手机号数据导入广告系统进行精准投放时，广告系统的开发者、提供广告位的媒介等都有可能私自留存这些手机号。这些角色是否会将品牌方宝贵的用户数据泄露给竞争对手，实际上品牌方很难完全控制，只能依靠商务条款和商业道德进行约束。
- 实时性：如今，许多应用场景对数据交互的实时性提出了极高的要求。以ID级精准广告投放为例，数据交互的行业标准已经达到了毫秒级别。面对 TB 甚至 PB 级别的海量数据，要实现这样的实时性要求，难度极大。
- 数据一致性：不同的数据分析师对数据口径的理解存在差异，导致针对同一需求可能得出不同的数据结果。例如，笔者曾服务于某电信运营商，在提取"每个月手机消费超过 100 元的消费者数据"时，由于存在预付费/后付费、按月/年缴费、实缴/抵扣、手机单套餐/宽带绑定的融合套餐等多种干扰因素，最终可能得出 7~8 种不同的数据结果。

以往，国内对于上述挑战并未给予足够重视，因为在营销人员的关键绩效指标（KPI）中鲜少包含数据合规的要求，实时精准营销在预算中所占比例也不高，且因数据一致性导致的差异尚能被营销结果所容忍。然而，近两年来，数据合规的重要性逐渐凸显，促使国内数字营销领域重新审视数据交互模式，并发现国外在此方面已遥遥领先。下图展示的是一种被称为"隐私计算"的数据交互模式，旨在确保数据合规的前提下，实现品牌方与平台方、品牌方与品牌方之间的数据交互。目前，这一模式在国内仍处于初步探索阶段。

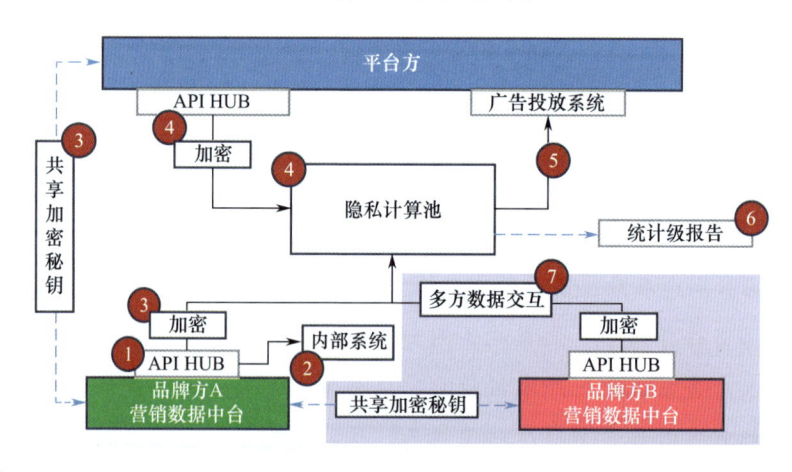

一、API HUB

品牌方或平台方在输出数据时，首先需要构建被称为 API HUB 的技术基础设施，以确保数据传输的安全性、数据交互的实时性，以及每次提取固定数据的一致性。简而言之，API HUB 的作用是从营销数据中台提取固定数据并存入缓存，当外部调用数据时，需通过配置的用户名和密码进行访问，并且只需一次性配置 API HUB 便可长期使用。

二、内部系统

数据输出的对象并不仅限于外部的平台方，当品牌方内部的其他系统需要数据时，同样可以从 API HUB 中调取，从而省去了数据分析师在不同系统间手工导数据的繁琐过程。

三、加密

数据输出时，每条数据均需进行不可逆的加密处理。以用户真实手机号 123 为例，加密后可能转变为 ABCDE。此加密过程并非简单的数字与字符一一对应，而是要确保通过加密后的字符排列组合及位数均无法推测出原始数据，即实现不可逆性。行业普遍采用的加密算法为 MD5，任何数据经 MD5 加密后均会生成 128 位的新值，理论上存在 128^{62} 种可能性，即便是量子计算机，其算力也远低于 10^{30}，从而确保了加密后的字符排列组合及位数无法被逆向破解。

然而，MD5 仍存在漏洞。尽管无法逆向破解，但对于营销中常用的手机号等有限集合，仍可通过暴力破解的方式获取。由于手机号的排列组合仅有数十亿种，理论上可穷举所有手机号的 MD5 加密结果，从而使得加密失去意义。尽管在当前算力条件下，此暴力破解过程耗时费力，但仍存在被破解的风险。因此，行业开始关注并转向更为先进的哈希算法（Hash）。

与 MD5 相比，哈希算法在加密过程中引入了数据使用者的个性化秘钥。由于秘钥是随机设定的，因此即便是暴力破解也变得不可能。在数据交互过程中，哈希算法的使用类似于银行的取款密码：数据提供者知晓六位密码的前三位，而数据接收者则掌握后三位。只有当双方的秘钥相结合时，数据才能被使用。

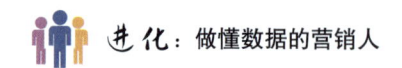

四、隐私计算池

隐私计算池是隐私计算模式的核心组件。多方数据交互并非简单地由 A 方将数据加密后提供给 B 方使用，因为根据数据合规要求，B 方不得从 A 方获取任何其原本不持有的消费者 ID，即便是加密形式也不允许。数据交互是在隐私计算的 IT 环境中，通过撞库逻辑来实现的：

- 隐私计算：双方将数据上传至同一服务器，但均无法将数据带走。
- 撞库：A 方和 B 方各自将数据上传后，通过匹配操作找出双方共有的数据。

举例来说，品牌方 A 拥有 2 亿个消费者 ID，平台方 B 拥有 10 亿个消费者 ID。双方将各自数据加密后，放入隐私计算池中进行撞库匹配，最终发现其中有 1 亿个 ID 是双方共有的，这部分 ID 即为广告需要覆盖的目标人群。在此过程中，A 和 B 均无法得知自己数据中哪 1 亿个 ID 是共有的，也无法了解对方具体上传了哪些数据。

五、广告投放系统

尽管在数据交互环节中，各方均无法带走任何数据，但隐私计算池中获得的消费者 ID 仍需与广告系统相连，以便投放广告。因此，平台方的广告投放系统会在确保数据合规的基础上，与隐私计算池实现数据连通。例如：当某位消费者访问某平台时，平台方会获取其 ID，并依据平台方与品牌方事先约定的哈希算法进行加密，随后在隐私计算池中查询该 ID 是否为品牌方的目标消费者。若查询结果为肯定，则投放相应广告。在此过程中，平台方依然无法知晓隐私计算池中品牌方所放入的具体数据。

六、统计级报告

尽管数据交互的双方都不能带走数据，但隐私计算池会提供不包含任何消费者 ID 的统计级报告。这些报告包括双方数据撞库后匹配上的 ID 数量、这些 ID

所携带的各种标签信息，以及广告投放的情况等。至此，便完成了从品牌方与平台方数据交互到广告投放的整个流程。

七、多方数据交互

在国外，除品牌方与平台方之间的两方数据交互外，还存在更为复杂的多方数据交互模式，即多个品牌方、平台方甚至第三方同时向一个隐私计算池中投放数据进行交互。

以一个经典的应用场景为例：当品牌方从平台方购买流量并达到 ID 级别的精准度时，平台方会意识到品牌方所购买的流量均为优质流量。于是，平台方往往会大幅提高精准广告的售卖单价，从而削弱品牌方通过获得的精准 ID 所带来的效率提升。

然而，当多个具有互补性的品牌方联合进行数据交互时，便能有效抑制平台方的广告溢价行为。例如，对于中年中产男性消费者而言，他们可能对快消品（如洗衣粉、手纸等日用品）不感兴趣，不会主动购买。但这部分人群却是汽车品牌的黄金目标客户。当快消品品牌和汽车品牌携手合作时，他们便能以最低价格获取平台方的全部流量，并根据双方的数据交互结果来决定流量的分配：若为目标客户（如中年中产男性），则流量分配给汽车品牌；若非目标客户，则流量转给快消品品牌。

第六节
数据度量：数据闭环的复盘和优化

数据运营的前 5 个环节足以支撑品牌方的全部营销动作，但要真正实现数据价值的持续提升与良性循环，还需要依靠最后的数据度量来复盘实际成效，并找准数据优化的突破口。如果说数据运营的前 5 个环节需要打破常规、勇于"做加法",通过种种奇思妙想探索数据与营销融合的新路径,那么最后一个环节则需要回归冷静客观,专注于"做减法",通过严谨论证来检验数据创新的真实价值,区分哪些数据是切实有效的,哪些只是空想,从而减少在无效数据上的运营投入。

数据度量这一环节的特点在于知易行难,因为营销本身是一个复杂的系统工程,其成败受到多重因素的影响,数据只是其中之一。以极端情况为例,某快餐店虽利用数据进行了精准投放,但在广告投放当日突降暴雨,导致消费者无法到店消费,这是否就意味着这批数据毫无价值?显然,我们不能如此片面地度量数据价值。

下面将通过具体实例来剖析数据度量的不同方法与维度:品牌方针对 A、B 两种数据分别进行了广告投放,发现 A 数据背后的消费者在电商上的购买率更高。那么,是否就能断定 A 数据的质量优于 B 数据?从数据度量的专业角度来看,还需要综合考虑更多因素,包括如何评判效果的好坏,以及如何评判广告投放的准确与否等。

一、如何评判效果的好坏

1. 效果口径:从单一转化率扩展到复合的收入/价格/品类等多维度

仅依据人群转化率(即购买人群占总人数的比例)来评判效果是不够的,购买金额、商品种类(是爆款还是库存积压品)、商品价格(是否涉及深度折扣,这将直接影响品牌方的利润率)等因素均需纳入考量。数据度量的首要任务,是明确界定"好"与"不好"的效果评估标准。

2. 品效价值:考察不同时间周期内的转化情况

根据凯度(Kantar)的研究显示,消费者在看到广告后直接购买的即时转化仅占所有转化的 30%,而剩余 70% 的消费者则是在看到广告后的数月内完成转化。尽管 A 数据在广告投放周期内表现出更高的转化率,但在拉长考察周期后,结果可能是截然相反的。行业内对于应侧重于效果投入还是品牌投入仍存在争议。然而，从专业的数据度量角度来看，考察的关键在于转化的周期长度。

例如，在某项媒介研究中，某品牌方试图验证长周期的品牌广告与即时转化的效果广告哪个能带来更多转化。在 7 天的时间窗口内，效果广告带来的转化数量远超品牌广告。然而，当时间窗口延长至 200 天时，情况发生逆转，品牌广告开始占据优势。因此，在判断 A、B 数据的优劣时，不同转化周期内的结果可能会有所不同。

3. 全域度量：从电商转化到全销售渠道转化

通常情况下，效果广告通过广告引导消费者进入电商平台购买，然而，在消费者的实际采购决策中，比货、比价、比店等环节不可或缺，这就导致消费者可能并不会完全按照品牌方的预设路径进入电商平台购买，而是可能选择实体店、代理商店铺、海淘等多种渠道。以某旅游景点为例，该景点投放广告并提供 9 折线上购票优惠，但众多消费者在看到广告后，虽然对景点产生浓厚兴趣，却因线上购票仅节省 10% 且存在诸多使用限制而犹豫不决，最终选择直接前往景点线下购票。在此极端案例中，线下购票消费者与线上购票消费者的比率高达 20:1。若仅局限于电商转化视角，将无法全面洞察广告带来的真实转化价值。

4. 增效度量：评估广告带来的增量价值

这是一个值得深思的度量维度。我们不禁要问，如果消费者未曾看到广告，他们是否仍会进行购买？消费者的采购决策过程错综复杂，会受到历史品牌认知、朋友偶然推荐、即时需求满足等多重非广告因素的共同影响。那么，如何准确衡量广告在消费者众多影响因素中的具体权重呢？这便引出了增效度量的概念。例如，对 A 数据/B 数据进行测试，将人群均匀划分为实验组和对照组，以确保两组在画像、数量等关键条件上保持高度一致。随后，仅对实验组投放广告，而对照组保持原状。实验组与对照组之间的转化差异，即被视为广告带来的额外增量，这一过程被称之为增效度量。通过对比对照组的存量转化与实验组带来的增量转化，可能会发现 A 数据/B 数据在优劣评估上呈现出截然不同的结果。

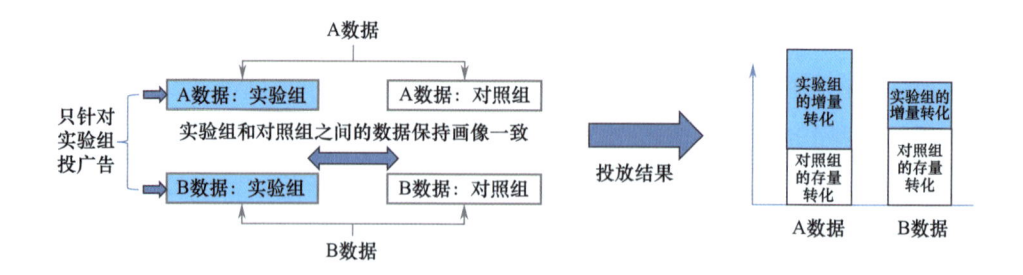

```
         A数据
 ┌─────────────────┐
 │ A数据:实验组 ←→ A数据:对照组 │         实验组      实验组的
只针对              实验组和对照组之间的数据保持画像一致    投放结果   的增量      增量
实验组                                              转化       转化
投广告   B数据:实验组 ←→ B数据:对照组                      ───────  ───────
 │                │                              对照组      对照组
 └─────────────────┘                              的存量      的存量
         B数据                                     转化       转化
                                                 A数据       B数据
```

5. 存量增量：现有消费者和新消费者的破圈

在数据库营销时代已得出明确结论：吸引一个新用户所需的营销成本是维系一个老用户的 5 倍。然而时至今日，这一比率甚至变得更高。以酸奶行业为例，通过某项消费者研究发现，消费者通常只能记住 5 个酸奶品牌。这就意味着，当消费者已经认可和购买过 5 个品牌的酸奶后，无论他们再看到多少广告，都很难促使他们购买第 6 个品牌。对于品牌方而言，那些之前未曾购买过的增量消费者显得尤为宝贵。因为新增加一个消费者的价值，可能远远超过单纯多卖掉一罐酸奶所带来的收益。

二、如何评判广告投放的准确与否

1. 广告等效：明确广告类型及其转化作用

根据群邑（GroupM）的研究显示，国内现有的广告形式已超过 300 种，大致可分为品牌广告、社交营销、效果广告等几大类。不同类型的广告具有不同的价值定位。例如，旨在引导消费者进入直播间观看主播带货的效果广告，其成本通常较高，但主要聚焦于消费者的短期即时转化；而 APP 开屏时的品牌广告则相对经济，更注重于构建消费者对品牌的认知，从而为商品的长期销售溢价奠定基础。鉴于不同广告形式本身在转化价值上存在差异，因此还需细致分析 A 数据、B 数据分别是由哪种广告所触达的。

2. 广告频控：确定消费者广告触达的最佳次数

在诸多广告研究中，存在一个理论：短期内让同一消费者多次接触到广告，可以显著提升转化率，这一理论也被称为 N+Reach。其中，N 的具体数值因行业而异，如快消行业通常为 3 次，而美妆行业可能高达 9 次。在进行广告频控度量时，首先需要观察 A 数据、B 数据的广告触达频次分布，明确各自的最优频次后，再评估当前广告的覆盖次数是不足还是过剩（因为广告频次过多同样会导致效果下降）。

3. 全链归因：从单次广告到复合广告组合

国内每年的广告预算已逾万亿元，智能手机用户数量高达 10 亿。若以广告的平均售价计算，平均每位消费者每天所接触的广告数量已超过 200 个。由于广告过度饱和，如今单靠单次广告已难以直接激发消费者的购买行为。通过某项快消品媒介研究发现，绝大多数消费者在购买前的 15 天内，至少会接触到品牌方的 3～5 次广告。这就意味着，最后一次效果广告所带来的转化，实则是多支广告共同作用的结果。

以新锐品牌在抖音上的广告序列化打法为例，若消费者在 20 分钟内连续观看 3 支广告：首先是明星代言的"我是大品牌"广告，用于构建品牌认知；接着是网红评测的"我有好商品"广告，为商品提供背书；最后是效果广告的"今天有折扣"信息，直接引导消费者进入直播间购买。这样的广告组合策略，其转化率甚至超越了众多国际知名品牌。因此，当今广告效果的度量已从单一广告的视角，转变为多种广告组合的链路视角。根据行业实践，合理配置消费者链路中各节点的广告，至少可以将转化率提升 2 倍。

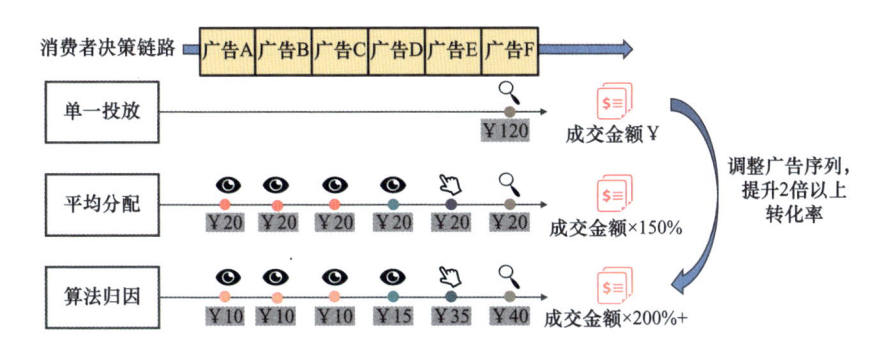

从全链归因的角度出发,还需深入剖析 A 数据、B 数据被不同媒介触达的先后顺序与组合方式。

4. 内容度量:定义广告触达的最适合内容

行业中有句名言:"好的内容可以提升 19 倍销量",强调了优质内容在转化方面的显著作用。然而,内容领域的复杂性在于,很难找到一种能让所有消费者都满意的最优内容。实际上,我们需要针对不同消费者群体进行个性化的内容优化。例如,向 Z 世代展示怀旧明星,或者让非上海地区的消费者观看电视剧《繁花》的广告植入,这些做法通常都是低效的。因此,在评估人群数据的质量之前,还需要考虑内容针对性的度量。遗憾的是,截至目前,行业实践仍未找到内容度量的最优解决方案。

三、关于数据度量的延伸思考

看完上述几种主流度量方式后就会发现,"A 数据、B 数据哪种更优"的定性探讨,已经转变为"如何最优化 A 数据、B 数据"的定量研究。这一转变源于品牌方数据量的激增,使他们能够从更多客观维度评估效果,并拥有更多优化手段。或许此刻品牌方会感到些许迷茫,因为度量方式的多样性也带来了一定的混乱。那么,是否存在一种能够融合所有度量理念,大道至简,只给出单一结论的上帝视角度量方法呢?笔者的回答是否定的,并且短期内也看不到实现的可能。无论是从理论层面,还是品牌方的创新实践来看,单一结论的度量都是片面且有害的。

以某全球知名运动品牌为例,该品牌在 2020 年前做出了一个重大决策:在全球范围内的广告投放仅度量短期内的即时转化 GMV,忽视其他度量方式。然而,在试行一段时间后,该品牌宣布决策失败,其间的总投入超过了 30 亿美元。对此案例,许多营销人员认为"放弃长期品牌建设,仅关注短期效果是错误的,品牌更为重要",从数据的角度分析,笔者认为其原因主要有三个。

1. 效果广告的供给失衡

虽然在消费者购买决策链的最终环节利用效果广告进行拦截显得聪明、简便且高效，但却忽视了一个生态现实：效果广告所能捕捉的即时转化需求是有限的。当所有品牌方都竞相争夺效果广告时，有限的需求只会导致溢价上升。结果便是，品牌方即便投入数倍的预算，也无法获得相应倍数的流量增长，效果广告的持续溢价最终只会让品牌方的投资回报率难以达到正值。

2. 放弃增量导致的消费者群体缩减

效果广告所能触及的消费者数量相对有限。平台方为确保广告效果，往往只在极小的目标客群中投放广告。这就导致绝大部分有需求但在数据层面未被效果广告捕捉的消费者，将永远无法看到这些广告。对于品牌方而言，过分专注于效果广告就意味着放弃了潜在的增量市场。

3. 单次效果广告的转化率上限

由于广告数量的过剩，单次效果广告的影响力已逐渐减弱。仅依赖效果广告，其转化率的上限其实非常低。多项研究表明，要突破这一上限，必须依靠多种广告形式的组合来提升整体效果。

第七节 张师傅买菜刀故事的复盘与解读

至此，相信大家已对数据运营有了更深一层的认识。下面再次回到本章开篇的张师傅买菜刀的故事，一同复盘笔者所提出的三个核心问题。

一、哪些角色在张师傅买菜刀的决策链路中能收集到数据

从技术可行性的角度出发，能收集数据的角色超过 30 种。然而，在实际的

进化：做懂数据的营销人

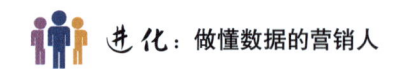

营销生态中，既有能力又有动力收集数据的角色主要是以下 8 种。

角　色	基　础　数　据	行　为　数　据
电视购物平台	手机号、家庭地址	对于菜刀的兴趣（呼叫中心数据），以及采购商品的价格、类型、家庭地址（采购数据）
品牌方	Cookie（电脑浏览器）、手机号、家庭地址	在官网的访问行为（网站/APP 分析数据），以及采购商品的价格、类型、家庭地址（来自第二方电视购物渠道）
搜索引擎	Cookie（电脑浏览器）	搜索的品牌、SKU 等商品数据（搜索数据）
短视频平台	设备号、MAC 地址	关注的 KOL、商品品牌和类型的数据（APP 浏览数据）
电商平台	设备号、MAC 地址	关注商品的品牌、类型、SKU 数据（电商浏览数据）
实体店	MAC 地址（探针）	线下数据很难关联到消费者 ID 和具体诉求
社交平台	社交 ID、设备号、MAC 地址	通过语义分析了解消费者在朋友圈晒出的商品（社交数据）
支付平台	支付 ID、银行账号	只知道品牌方是谁，不知道购买了什么（支付数据）

在这些角色中，品牌方所掌握的第一方数据仅限于张师傅浏览其官网的网站分析数据。而最具价值的购买数据则来源于第二方的电视购物平台。作为实际交易的发生地，电视购物平台同样拥有与品牌方一样丰富的数据资源。搜索引擎、短视频平台及电商平台等则掌握了张师傅在购买前的碎片化行为数据。社交平台和支付平台记录了张师傅购买后的相关数据。相比之下，实体店的数据价值相对较低，因为难以将消费者的 MAC 地址与他们所查看的商品进行关联，即便知道张师傅进入了店铺，也无法准确了解他对哪些商品感兴趣。

二、通过这些数据，不同角色对于张师傅的理解有多深

下面将从以下 4 个维度来评估各角色对张师傅理解程度的深浅：ID 体系、消费者画像（涵盖年龄、性别、地域等信息）、能否捕捉张师傅采购前的购买意

向、能否捕捉张师傅已完成购买的行为。

角色	Cookie	手机号	家庭地址	设备号	MAC	社交ID	支付ID	银行账号	消费者画像	能否捕捉张师傅采购前的购买意向	能否捕捉张师傅已完成购买的行为
电视购物平台		√	√							√	√
品牌方	√	√	√							√	√
搜索引擎	√									√	
短视频平台				√	√					√	
电商平台				√	√					√	
实体店											
社交平台				√	√	√					√
支付平台							√	√			√

- ID 体系：各方根据张师傅的电脑浏览行为（如品牌方、搜索引擎）、电话行为（如电视购物平台）、手机行为（如短视频平台、电商平台、社交平台）、购买行为（如电视购物平台、品牌方）、线下行为（如实体店），分别获取了不同的 ID。其中，支付方获取的 ID 在营销中的价值相对较低，因为广告投放难以基于银行账号和支付 ID 进行。平台方（如电商平台、社交平台、短视频平台）则掌握了后期广告投放至关重要的设备号，而品牌方通常无法直接获取这些设备号。

- 消费者画像：仅凭本次场景中的单次数据，无法构建出完整且准确的消费者（张师傅）画像。消费者画像的构建需要依赖于多元化场景下的丰富且多样的数据。那么，后期最有潜力构建出张师傅画像的角色是谁呢？答案是张师傅使用频率最高的 APP 平台。

- 能否捕捉张师傅采购前的购买意向：众多角色能够捕捉张师傅的搜索、浏览、电话等行为中的意向数据，从而了解他在关注哪类商品（如菜刀）、哪个品牌，以及通过搜索关键词等洞察他的需求痛点。对于品牌方而言，要把握潜在消费者的即时需求，其实有多种数据路径可供选择，只需抓住其中一种即可，无须追求数据的全面覆盖。

- 能否捕捉张师傅已完成购买的行为：只有品牌方、电视购物平台和支付平台拥有明确的识别途径，能够确认张师傅已经购买了菜刀。而社交平台上关于购买的识别往往只是消费者主动分享商品的偶然事件。因此，品牌方应做好已有用户的运营工作，这既可以通过自身的CRM系统实现，也可以依托消费者经常购物的渠道（如电视购物平台、电商平台等）实现。

三、若这些角色意图影响张师傅的决策，依靠数据能采取哪些措施

若要在决策链路的末端改变张师傅的选择，例如，作为竞争者的B品牌希望张师傅转而选择自己的产品，或A品牌在张师傅购买菜刀后继续进行交叉销售，推销砧板、磨刀器等商品，各角色分别拥有哪些策略？通过下表可知，各角色对张师傅实施精准营销的能力，从根本上受限于他们所掌握的ID体系。掌握特定ID，即意味着能够运用相应的营销策略。

角色	ID体系					营销手段				
	Cookie	手机号	家庭地址	设备号	社交ID	直邮	精准广告	电话	APP推送	社交推送
电视购物平台		✓	✓			✓		✓		
品牌方	✓	✓	✓				✓	✓		
搜索引擎	✓						✓			
短视频平台				✓			✓		✓	
电商平台				✓			✓		✓	
实体店										
社交平台				✓	✓		✓			✓
支付平台										

第 4 章
品牌方如何构建数据能力

- 第一节　品牌方构建数据能力的路径
- 第二节　品牌方构建数据能力时面临的常见问题
- 第三节　品牌方随时需要思考的 10 个问题

从品牌方的视角来看，数据能力的建设是一项复杂且长期的挑战，需要有充足的耐心，以及持续的资源投入。根据笔者在行业实践中的观察，没有一个品牌方能够在短时间内仅仅依靠投入大量资源就能实现数据能力的飞跃。这一挑战不仅体现在技术、人才、预算等执行层面，更体现在管理层的信心与战略定力上。

所幸，在过去十年间，已有众多先驱者进行了相关尝试，不同行业也出现了一些标准范式。在本章中，笔者将围绕三个主题探讨品牌方应如何构建数据能力。

第一节
品牌方构建数据能力的路径

李总监刚担任某大型企业的营销数据负责人不久，一天，他被 CMO 喊进办公室。原来，管理层留意到行业里关于"数据中台"的讨论正变得日益激烈，欲将其视为重点创新方向，故决定先由 CMO 的市场团队牵头整合营销数据，以营销为切入点构建中台能力，还拨出大量预算给予支持。李总监爽快地领命，几周内迅速组建起专业团队，启动了数据中台项目。

几个月后，企业管理层发现友商的"私域"成了行业亮点，于是下达新指令，要求在原数据中台项目中兼顾私域数据能力，为全公司的私域运营提供支撑。李总监修改了原有规划，鉴于现有团队对私域理解有限，故又新招聘了几位专家。

又过了大半年，"AI 人工智能"引发管理层新的思考，如何将 AI 应用于营销，成了 CMO 需要解答的新课题。李总监团队里有几位数据分析师，是整个营销团队中最接近 AI 领域的职能岗位，李总监被要求在原数据中台项目中明确 AI 应用场景。虽然李总监有技术背景，对于搭建数据中台这类技术工作得心应手，但对于侧重算法的 AI 却毫无经验，只能再次招聘几位数据科学家，同时又一次修改规划。

没过多久，李总监在管理层讨论会上又听到了针对"AIGC""大模型"的讨论，想到自己早被管理层贴上"懂数据"的标签，这些自己全然不懂却又被归为数据范畴的工作怕是躲不过去了。回想起自己加入公司的时间不长，但管理层对数据的思考一直在变，因反复修改规划，最初的数据中台至今未能完全实现，而财务、审计等团队已开始质疑在数据上的巨额投入对业务究竟有何价值，李总监顿时感到压力如山，血压飙升。

上述场景是众多品牌方数据负责人切实面临的困境，造成这一困境的部分原因如下。

- 数据能力由众多模块构成，每个模块的建设都既耗时又费力，并且技术落地遵循自然规律，有着先后顺序。举例来说，只有先构建起强大的数据采集能力，才会有搭建数据中台的需求；若没有数据中台，则无法开展 ID Mapping 能力的建设；若缺乏基于 Super ID 的消费者统一视图，则消费者运营便难以推进。

- 数据作为行业公认的创新方向，常常被提升到"一把手工程"的高度，从而获得资源倾斜。然而，管理层难以对数据形成专业的认知，还需向数据认知更为匮乏的董事会详细阐释数据投入的战略意义，并期望借此推动企业股价上扬或是提升企业估值。在管理层与董事会的沟通互动里，如"数据中台""AI"等热度更高、更具前瞻性的概念，毋庸置疑更能吸引众人目光，哪怕这些概念已经超出了企业当下的实际能力与切实需求。

- 数据建设所需的投入程度远超品牌方的预先设想。就拿笔者身边对数据最为重视的品牌方来说，他们组建起一支数百人的专职数据团队，每年投入高达上亿美元的预算。即便如此大规模的投入，也仅仅搭建起部分能力模块，距离实现全面覆盖还有很大差距。所以，有效地管理好企业内部的财务预期，无疑是品牌方数据负责人的一项关键工作。

进化：做懂数据的营销人

面对上述挑战，品牌方数据负责人需要在技术落地、管理层多变的需求、财务合理性这三者之间探寻更为理想的平衡点。而解决之道，便是明晰的数据能力建设路径：既要能够向管理层阐释热点能力的实现逻辑，又要能回应数据能力的业务价值与财务合理性，还得给出技术落地的合理规划。技术落地的合理规划主要包含当前现状、未来目标及路径核心点。

- 当前现状：对当下的数据能力展开诊断，精确判断自身的数据基因状况，以及现有的能力水平。
- 未来目标：将数据能力建设划分为四个阶段，每个阶段的目标、与之对应的能力建设关键要点，以及所能创造的业务价值都必须明确界定，确保各阶段的推进方向清晰、价值可衡量。
- 路径核心点：路径核心点1，即在自建能力与运用平台方数据工具这两种大相径庭的技术逻辑间寻求平衡，兼顾自主掌控与资源的高效利用；路径核心点2，即围绕场景展开能力建设，将数据能力建设这一宏大命题细分为多个场景应用的小命题，在降低项目风险的同时，以持续产出的成果逐步树立各方对数据能力建设的信心。

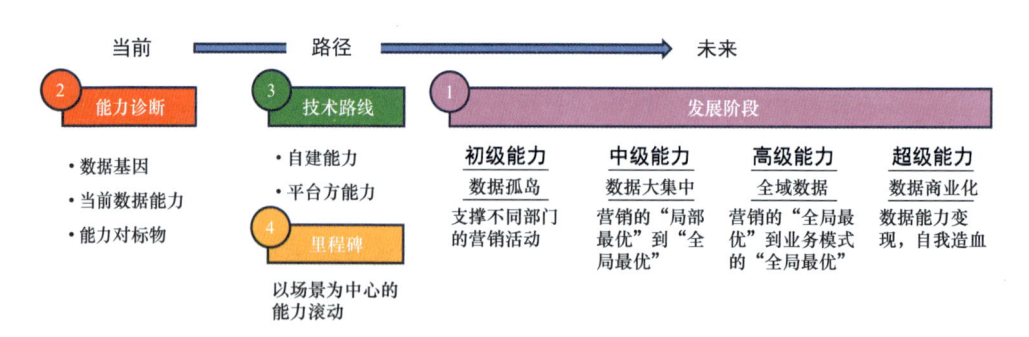

当前	路径		未来			
2 能力诊断	**3 技术路线**		**1**	发展阶段		
			初级能力	中级能力	高级能力	超级能力
・数据基因	・自建能力		数据孤岛	数据大集中	全域数据	数据商业化
・当前数据能力	・平台方能力		支撑不同部门的营销活动	营销的"局部最优"到"全局最优"	营销的"全局最优"到业务模式的"全局最优"	数据能力变现，自我造血
・能力对标物	**4 里程碑**					
	以场景为中心的能力滚动					

一、未来目标：数据能力的四个阶段

在过去的10年里，中大型品牌方基本都在数据建设方面展开了行动。评估品牌方数据能力阶段的模型多种多样，通常涵盖数据体量、标签数量、ID能力、使用场景、团队组织、企业文化等多个层面。笔者依据数据在营销和业务中所产生的价值，将数据能力划分为四个阶段。

- 初级能力（数据孤岛阶段）：在这一阶段，品牌方的各个部门持有各自独立的营销工具，这些工具在日常运转中会生成大量数据。然而，不同工具所产生的数据彼此之间处于孤立状态，未能实现互通，形成了数据孤岛的局面。以拥有多个子品牌的大型快消集团为例，旗下的每个子品牌都在独自运营自身的 CRM 系统、微信私域，以及代理商渠道等数据，在这个阶段，数据的价值主要体现在支撑不同部门各自营销活动的日常开展上。

- 中级能力（数据大集中阶段）：品牌方已经完成了营销数据中台的建设工作，成功实现了不同部门之间的数据大集中，构建了用户的 Super ID（也就是打通了各种数据源的各类 ID）。此时，数据价值上升到了 CMO 层面，促使营销从"局部最优"进化至"全局最优"。仍以拥有多个子品牌的大型快消集团为例，品牌方已经能够实现营销科学（即营销效果的全局度量及预算的全局分配），以及消费者运营（包括消费者全生命周期的管理，不同子品牌之间的用户引流和交叉销售，基于消费者统一画像的产品、价格、渠道和促销策略等）。

- 高级能力（全域数据阶段）：高级能力是指在中级能力，即品牌方完成自身数据整合的基础之上，进一步实现了与外部平台方数据的打通（例如，阿里的数据银行、巨量云图、腾讯的知数/有数等），进而形成了"全域数据能力"。标志性的数据基础设施建设是借助 API 接口或者隐私计算技术，将自建数据与平台方数据进行了融合。发展到这个阶段，数据价值已经上升至企业管理层层面，达成了从营销的"全局最优"向业务模式的"全局最优"的进化。举例来说，在中级能力阶段，品牌方能够清晰了解抖音营销为抖音电商带来的即时转化情况，并据此做出优化举措。而到了高级能力阶段，品牌方则能够清晰洞察在抖音进行营销后的数个月内，对抖音电商、京东、淘宝等线上电商，以及自营、代理商的线下实体店全渠道生意的转化价值，并且能够做出后续的优化行动，这是真正以数据驱动业务增长、具备上帝视角的业务模式。

- 超级能力（数据商业化阶段）：此阶段是品牌方数据能力发展的终极形态。笔者常常被问到一个有趣的问题："在我们的数据能力足够强大的未来，是否有可能通过商业化的运作将前期在数据能力建设方面的投入赚回来呢？"答案是肯定的。全球范围内的标杆案例是GE（通用电气），其数据部门单独成立了公司GE Digital，该公司不仅能满足GE自身的数据与技术需求，还通过向外部输出数据和技术能力来实现盈利。需要着重指出的是，数据能力的商业化并非单纯的"售卖数据"，而是借助数据探寻新的商业模式创新。在笔者所接触的案例中，超级APP（即由品牌方自主搭建、拥有过亿用户的APP）在商业化进程中是至关重要的数据基础设施，例如，拥有数亿用户的KFC订餐APP作为KFC数据能力的核心，如今除了用于自有餐饮的点餐服务外，也已开启其他品牌商品的售卖业务，不难预见其未来会逐步朝着电商平台的方向发展；多个新能源汽车品牌方都曾与笔者探讨过同一话题，即利用车辆销售阶段积累的数据来支撑汽车中控屏上的广告售卖，例如，当车主开车等待红灯时，中控屏上会弹出附近咖啡店的引流广告。

二、能力原点：数据基因和当前数据能力的诊断

在对未来进行规划之前，品牌方务必要清晰把握自身数据能力的现状。首先，鉴于品牌方所处行业、规模以及业务模式存在差异，其在数据基因层面便天生有所不同。若基因较弱，则意味着在开展相同工作时，需要投入数倍乃至数十倍的资源，成本结构更为复杂，且能力上限更低。笔者将品牌方的数据基因划分为三种。

- 数据富矿：也称作数字原生（Born in Digital）。举例来说，网络游戏、金

融、电信运营商、互联网、智能手机等行业的品牌方在业务运营进程中，天生就能收集到大量数据，并且能够培育出拥有高用户数、高日活，以及能满足消费者刚需场景的超级 APP。例如，银行的网银 APP、网络游戏的 APP，以及用于充话费和故障查询的电信运营商 APP 等。这些 APP 能够持续为品牌方提供合规的海量用户数据，并且从本质上解决了困扰所有品牌方的 ID Mapping 问题。

- 数据中矿：指的是在生成高质量营销数据上存在一定阻碍的行业，像快消、食品饮料、服饰、母婴、3C 家电等均在此列。不过，鉴于这些行业的大多数交易依托电商平台完成，并且日常在社交、广告、搜索等平台投入了巨额广告预算，故而能够从平台方获取丰富的第二方数据。相较于数据富矿，其劣势在于数据的主导权归平台方所有，并且 ID Mapping 能力存在一定瓶颈。

- 数据贫矿：指的是除了 CRM 系统里的现有用户数据外，很难积攒大量高质量的潜在客户数据，并且市场上缺少成熟的第二方或第三方数据予以补充的行业。例如，房地产、B2B、医疗等行业，其中医疗行业的数据更是受到极为严苛的数据合规限制，堪称贫矿中的贫矿。

品牌方需要对自身当前的数据能力展开科学评估，全面盘点真实家底。通常情况下，品牌方常常倾向于运用数据量、标签数等简单的显性数据来衡量自身的数据能力，然而，仅依靠这些数据，依旧无法让品牌方对自身数据能力做出准确评判。在之前的内容中，笔者已详细介绍了数据运营的 6 个环节，而每个环节又可进一步细分为不同节点。依据水桶原则，能力最为薄弱的节点将决定品牌方的整体数据能力水平。

对数据能力的评估属于一项复杂工作，专业的咨询公司通常都需要耗费数月时间，才能够得出相应结论，在此仅作简要说明。笔者根据数据运营的 6 个环节及应用状况，把数据能力的评估拆解为 7 个模块，其中包含了 27 个具体问题。

1. 数据应用情况

Q1：当前所拥有的数据量是多少？在过去 6 个月及 12 个月中数据使用比率分别为多少？数据被使用的次数是多少？在这些数据中，哪些属于高频使用的数据（例如，每周都会被使用），哪些又是低频使用的数据（例如，仅被使用几次后便不再使用）。

Q2：主要使用数据的部门具体有哪些？这些数据所支撑的应用场景涵盖哪些方面？这些使用数据的部门反馈如何，存在哪些优点，又存在哪些缺点？数据被频繁使用的原因是什么，而被弃用又是出于何种缘故？

Q3：在行业范围内，是否还有更为优质的数据使用场景可供学习与参考？

2. 数据采集能力

Q1：目前已经投入使用的是哪些数据？计划在未来使用的数据又有哪些？那些尚未投入使用的数据，背后的原因是什么（涵盖 CRM 数据、历史交易数据、官网/APP 数据、渠道数据、广告数据、电商数据、社交数据等）？

Q2：不同数据源的数据，当下的使用状况如何？对于那些不常使用的数据，如果立刻停止采集与使用，是否会产生不良影响？

Q3：不同数据源是否存在数据合规风险？行业内是否出现过违规案例？若有供应商提供外部数据，则这些供应商是否都具备数据合规资质？

Q4：若从不同数据源采集数据，则所需成本分别是怎样的？

3. 数据治理能力

Q1：目前存在多少种用于消费者识别的 ID？每种 ID 的具体数量是多少，其覆盖比率又如何？

Q2：是否已经成功打通各类 ID，从而形成品牌方自有的 Super ID？Super ID 对各类 ID 的覆盖率及关联比率分别是多少？

Q3：是否建立了针对异常数据的检查机制？若已建立，在过去 6 个月和 12 个月期间，检查出异常数据的比率是多少？导致异常的主要原因包含哪些方面？

Q4：是否设有数据词典，以便对不同数据源的字段进行标准化处理？随机抽取一些常用的数据字段进行检查。

4. 数据管理能力

Q1：当前数据的总体体量是多少（以 GB 或 TB 为单位进行说明）？在过去 6 个月及 12 个月的时间里，数据的增量分别是多少？是否构建了针对冗余数据的备份和删除机制？

Q2：是否已经搭建起 BI 报表体系？若已搭建，其主要的使用用户群体是哪些，通常应用于哪些具体的使用场景，使用频率又是怎样的？

Q3：就数据运营的 IT 性能而言，在过去 6 个月及 12 个月的时间里，是否出现过事故或者收到过相关投诉？如果存在，则这些情况对业务造成了怎样的影响？

Q4：在数据管理和运营流程方面，是否聘请了外部专业咨询机构来进行审计工作，以此确认是否存在数据被窃取或流失的潜在风险？

5. 数据分析能力

Q1：目前共有多少种数据标签（涵盖消费者的基础属性、消费者细分、会员属性、生命周期管理、历史购买等方面）？在过去 6 个月及 12 个月的时间里，这些标签的使用频率分别是多少？哪些标签被频繁使用，哪些则很少被用到？

Q2：这些标签的来源是什么（是通过自建模型算法生成，还是从外部获取）？对于不同来源的标签，是否设有校验机制（例如，针对消费者的性别标签，是否会通过调研等方式核实其真实性）？是否建立相应的优化机制？

Q3：标签的主要使用部门有哪些，主要支撑哪些应用场景？其中，使用标签最多的前三个部门是哪几个？在过去 6 个月及 12 个月的时间里，这些部门对标签使用的反馈情况如何？

Q4：在标签体系中，是否存在重复构建、效率低下甚至自相矛盾的情况？例如，每个营销子部门使用不同的消费者画像标签，导致某个消费者在 A 部门被认定为男性，而在 B 部门被认定为女性。

Q5：除了清单级别的标签，是否构建了统计级的算法模型，如 MMM（营

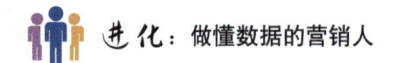

销组合模型）、MTA（多触点归因模型）等？对这些模型的分析结果反馈如何？

6. 数据交互能力

Q1：目前数据交互依靠何种方式来实现？是通过人工手动处理 Excel 表格的传统方式，还是借助更为高效的 API 接口，又或者是采用先进的隐私计算技术？输出的数据会具体流向哪些应用系统当中？

Q2：在数据交互方面，是否存在严格的实时性要求呢？例如，在 DMP 精准广告投放这类场景中，以及自建 APP 的数据输出过程中，是否需要实现毫秒级别的快速输出？

Q3：在数据交互过程中，采取了哪些措施实现数据加密，以确保自身核心数据不会被泄露？

Q4：在进行数据交互之前，是否设有内部审核机制，用于确认此次数据交互的合理性与必要性？

7. 数据度量能力

Q1：在度量营销效果时，具体采用何种数据指标和方法？从宏观层面的市场战略规划，到微观层面的营销活动执行细节，数据是否在各个环节都能被充分运用？

Q2：数据是否已经切实对品牌方的预算分配产生影响？这种影响是通过怎样的机制来实现的？从最终的成效来看，市场团队对于数据在预算分配中所体现出的科学性，持有怎样的认可态度？

Q3：从营销成果的维度出发，如何通过度量"有数据支持"和"无数据支持"两种情况下的差异，来准确判断数据所具备的价值？

三、路径核心点 1：两种技术路径

常言道，"望山跑死千里马"。在完成前面两个步骤，即了解了当下自身能力及未来期望达成的目标之后，想要从当前状态迈向未来目标，其实现过程恰似"把大象放进冰箱里"这般，看似简单，实际操作起来却困难重重。这一过程涵盖技术能力、场景设计、团队配置、企业文化等诸多复杂因素，不同品牌方所处行业、发展阶段、资源禀赋各异，所以应对策略也大相径庭，难以用统一的标准来界定。

回首过往，品牌方的构建数据能力往往意味着自行搭建一系列IT系统，投入大量的人力、物力和时间成本。但时过境迁，如今阿里、抖音、腾讯等平台方已为品牌方打造出成熟的数据工具。品牌方只需在这些平台上投入一定数额的广告费用，便能免费享用这些数据工具。历经数年的发展与完善，无论是在数据量的积累、标签的丰富程度，还是使用场景的多样性上，平台方的数据工具足以与顶级品牌方的数据中台相抗衡。哪怕是数据能力近乎零基础的品牌方，借助这些数据工具，也能在短时间内迅速拥有中级的数据处理与运用能力。截至目前，这些数据工具已为数十万个品牌方提供服务，有力推动了品牌方数据能力的提升与业务的发展。

若品牌方想要自主构建数据能力，那么不仅会耗费大量的时间和精力，还面临一定的技术风险。不过，其优势在于能够培育出独特的个性化能力，并且从物理层面来看，数据存储于自身设备，品牌方对数据拥有绝对的控制权。而选用平台方的数据工具，几乎能以零成本实现数据能力的跨越式发展，但不足之处在于，这些工具仅能提供标准化的行业通用能力，不仅品牌A可以使用，而且其他所有同行也能使用，实际上又让各品牌方在数据能力层面重回同一起跑线。

对于品牌方而言，面对两条预算结构与实现路径截然不同的技术路径，究竟该如何抉择？笔者给出的建议是依据预算体量和营销复杂度来判断。

- 年度营销预算小于1亿元的中小品牌方：由于预算有限，且业务大多集中在抖音、小红书、天猫等少数几个平台，营销模式相对简单，使用平台方的数据工具完全能够满足其需求。
- 年度营销预算在1~10亿元的大型品牌方：这类品牌方具备自建数据能力的资源，但因资源存在局限性，所建设出的数据能力反而弱于平台方的数据工具。笔者建议按照营销场景区分使用方式：在广告投放、私域运营、用户洞察等大部分营销场景中，以使用平台数据工具为主；而针对最核心的用户运营和个性化场景，则依靠自建能力来实现。需要注意的是，在采用这种模式时，品牌方必须对自建能力与平台方工具的数据口径一致性有深刻的认识，防止针对同一命题，因使用不同数据而得出不一致的结论。

- 年度营销预算大于 10 亿元的超大型品牌方：当达到这个体量时，品牌方之间比拼的是资源厚度和营销效率，此时个性化的数据能力就显得至关重要。平台方的数据工具更多的是作为自建能力的补充，品牌方需要解决的关键问题是实现自建数据能力与平台方数据工具之间的数据交互，从而达成全域数据的融合。

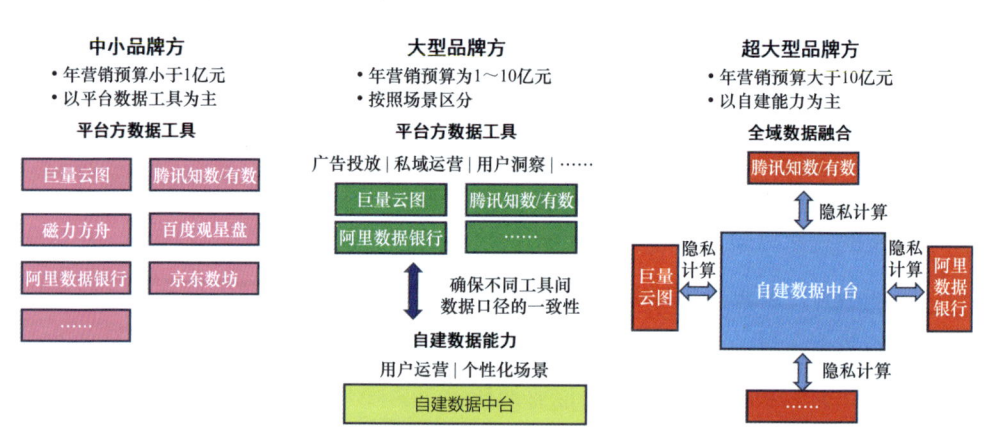

中小品牌方
- 年营销预算小于1亿元
- 以平台数据工具为主

平台方数据工具

巨量云图	腾讯知数/有数
磁力方舟	百度观星盘
阿里数据银行	京东数坊
……	

大型品牌方
- 年营销预算为1～10亿元
- 按照场景区分

平台方数据工具

广告投放｜私域运营｜用户洞察｜……

巨量云图	腾讯知数/有数
阿里数据银行	……

↕ 确保不同工具间数据口径的一致性

自建数据能力

用户运营｜个性化场景

自建数据中台

超大型品牌方
- 年营销预算大于10亿元
- 以自建能力为主

全域数据融合

腾讯知数/有数 ↕ 隐私计算

巨量云图 ←隐私计算→ 自建数据中台 ←隐私计算→ 阿里数据银行

↕ 隐私计算
……

四、路径核心点 2：以场景为中心的能力滚动

在数据能力建设进程里，最宝贵的资源是什么呢？笔者向众多业内人士抛出过这个问题，其最佳答案是：内部的信心。

笔者在实践中常接触到周期长达 30~50 周的数据建设规划，对于营销数据负责人而言，这一漫长进程可谓煎熬与未知并存：一方面，由于各品牌方的数据基础千差万别，在技术实施过程中会涌现大量难以预判的阻碍，导致建设进度被迫拖延；另一方面，频繁开展的内部汇报和沟通将持续推高领导层与营销团队的心理预期，而最终实际成效却要等到 IT 基础设施全面竣工后才能揭晓。在如此

第 4 章 品牌方如何构建数据能力

漫长的时间跨度里，内部质疑情绪极易悄然滋生，因此，如何长久稳固各方的信心，已然成为品牌方在数据能力建设道路上亟待攻克的难题。

笔者建议将数据能力建设的大课题细分为场景应用的小课题，也就是从"建成系统后找场景"转变为"建成一部分系统就运用一部分能力"，以此降低试错成本，更灵活地调整建设方向，并通过小场景的落地不断筑牢内部信心。例如，某营销数据系统尚未完工，但底层数据库已录入数据，此时便可考虑人工提取数据，为部分营销场景提供支持。即便数据实际价值还有很大优化空间，至少也要先打通应用场景，再持续优化以提升数据效能，形成小步快跑的模式。

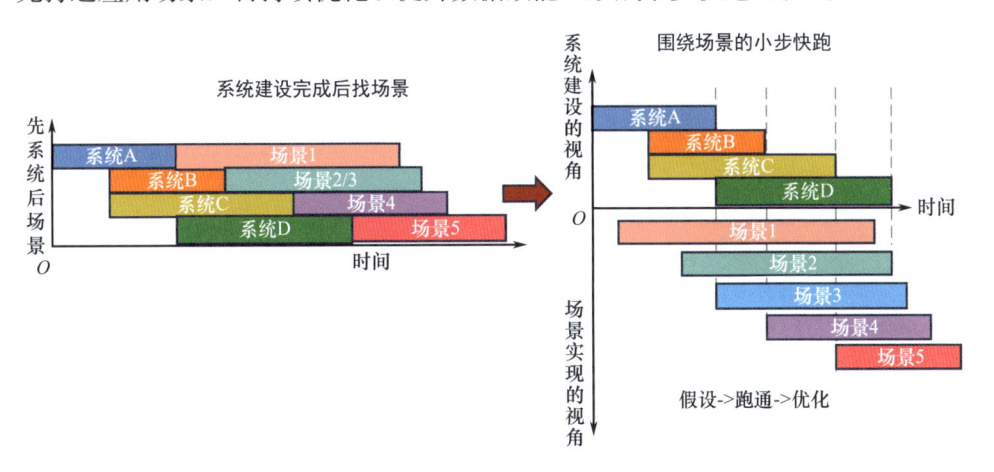

在本节的最后，笔者梳理出营销数据的三个适用场景。

- 营销科学：借助数据衡量营销成果，并在营销活动开展前优化预算分配，主要服务于营销部门内部从事数据分析的相关团队，如 CMK、Data Insight 等。
- 精准营销：依据消费者 ID 和标签，更为精准地定位目标消费者，开展针对性营销，主要面向营销部门中的媒介（Media）、整合营销等负责营销执行的部门。
- 数据洞察：运用数据进行统计层面的消费者细分、电商分析、竞争分析、产品分析等，为更高层次的营销决策提供有力支撑。

第二节
品牌方构建数据能力时面临的常见问题

托尼·萨尔德哈（Tony Saldanha，曾任宝洁 IT 和全球商业服务副总裁）在其著作《数字化转型路线图》中明确指出：高达 70% 的企业在数字化转型进程中遭遇失败。基于笔者的实际观察，国内品牌方在数据能力建设方面的失败比率，大体与这一数据相符。这里所定义的"失败"，并非局限于 IT 技术层面上某个系统搭建的功亏一篑，或是某些数据无法正常投入使用，而是着重强调在投入了大量资源的情况下，数据在营销活动中未能彰显出与之相匹配的充分价值，故本节特意梳理并归纳出品牌方在认知层面最为常见的三个问题。

一、本末倒置：技术驱动而非需求驱动

数年前，行业内曾有一场激烈争论：品牌方的数据能力建设，究竟该由 IT 部负责还是由市场部负责？IT 部立足技术视角审视数据，技术专业性强，在开展数据能力建设时，更倾向于运用前沿先进技术，力求实现技术投资的前瞻性，着眼于技术的长远布局与先进性；而市场部则从需求端出发认知数据，清晰知晓自身所需及亟待解决的问题，在技术选型上，不盲目追求领先，更注重技术的实用性与适配性，确保所选技术能切实满足业务需求。

在这场争论的背后，蕴含着更深层次的思考：营销数据，到底应定位为以技术驱动的成本中心（Cost Center），还是以需求驱动的利润中心（Profit Center）？这一定位的差异，直接决定了数据建设的投入策略与考核模式。若将营销数据视作成本中心，则对品牌方而言，它便是一笔固定成本，只要数据背后的系统搭建完毕，项目便被视为成功；倘若将其定位为利润中心，营销数据就成为品牌方的生产资料，只有见到与之相匹配的利润产出，才能判定项目成功。

例如，笔者时常被品牌方询问："我们刚完成数据中台的建设，你再给些建议，这数据还能怎么用呢？"在这种对话逻辑下，从技术层面来看，品牌方的数据建设无疑是成功的。毕竟，数据中台的搭建是一项颇具难度的技术投资，能够顺利建成便已算是取得阶段性胜利。然而，从需求层面审视，品牌方的数据建设尚未能充分满足各类需求以彰显其价值，只能说能力建设仍处于中途，距离真正的成功还需要开展大量探索。

颇为有趣的是，国内外众多大型品牌方都给出了一种折中的解决方案：既然数据是重要的战略资源，那么品牌方的数据能力建设应由与MO和CIO平级的CDO（Chief Data/Digital Officer，首席数据官）来负责。CDO团队的命名形式多样，诸如数据部、数字化转型部、数字创新办公室等。但无论名称如何，品牌方对CDO团队的能力要求都是统一的。

- 懂技术：具备IT领域的认知和专业素养，能够以项目经理的视角（而非局限于技术工程层面），向IT部门清晰阐述需要构建何种系统，并给出合理的技术规划与项目管控方案。
- 懂数据：熟知品牌方已有的数据资源及未来所需的数据，从而做好全局性的数据规划，确保数据资源的合理配置与高效利用。
- 懂需求：对营销领域有深刻认知，能够精准理解营销团队的需求，对数据的应用有独立且准确的判断，积极推动数据在实际营销场景中的落地应用，并且能够从定量的角度对数据价值进行有效论证。

尽管CDO团队在组织架构上相对独立，但其底层逻辑依旧是以需求驱动技术。在品牌方的业务运营模式下，数据自身并不能直接产生收益，数据的价值需要借助提升营销效率或节约成本来得以体现。因此，笔者认为，应当以利润中心的思维逻辑来审视数据建设工作，将数据建设的目标设定为对营销活动的有力支撑，也就是"依据营销需求反向推导所需的系统建设"，而不是"先完成系统建设，再去探寻营销需求"。

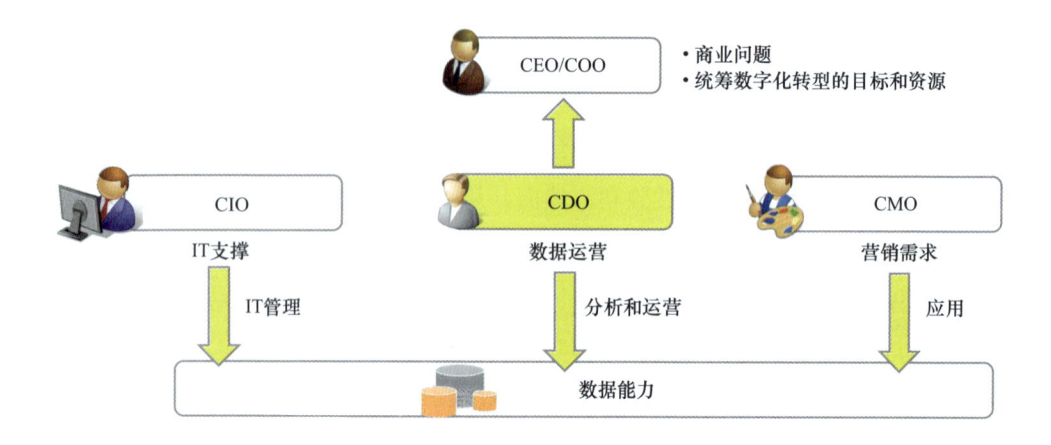

```
                            ·商业问题
            CEO/COO
                            ·统筹数字化转型的目标和资源


  CIO          CDO           CMO
  IT支撑       数据运营       营销需求

  IT管理       分析和运营      应用

              数据能力
```

二、缺少财务精算：数据价值无法定量自证

"数据让营销效率降低"，这是一个颇具趣味且有悖常识的结论，然而它却真实地在众多品牌方中上演。问题的关键在于，数据建设需要投入大量资金，一旦数据建设所耗费的资金超过其为营销节省下来的资金，那么数据建设就变得得不偿失，这也是衡量数据建设是否成功的一项重要定量标准。

几年前，某汽车品牌方与笔者探讨是否有必要为广告投放搭建一个DMP（用于精准广告投放的数据中台）。笔者当即拿出纸笔，展开财务精算推演：从成本角度来看，DMP在三年内的成本结构主要涵盖技术搭建费用（支付给技术供应商）、团队费用（新招募员工的工资），以及运营费用（数据清洗、技术运维、软件版权等）；从收益角度出发，笔者依据汽车行业的平均比率，推算出DMP通过提升营销精准度能够为品牌方节省的成本。最终得出的结论是，只有当品牌方每年在精准广告方面的投入大于1亿元时，建设DMP才有实际意义。

由于营销的成败受多种因素影响，其中不乏偶然因素。比如，突然曝出的明星绯闻吸引了大量消费者的关注，这也可能使营销结果发生变化。因此，评估营销中数据价值的过程往往比较尴尬：要是营销成功，则功劳可能被归到策略、产品、创意等方面；要是营销失败，则数据不准常常成为最容易被提及的原因。所以，找到一个经得起考量的财务精算模型，就成了数据建设中的又一关键课题。笔者认为，营销科学（即营销效果的度量）是所有数据驱动营销场景的基础，是首先需要实现的场景。这是因为营销科学不仅能衡量营销本身对业务的价值，还能衡量数据在营销中的定量价值。

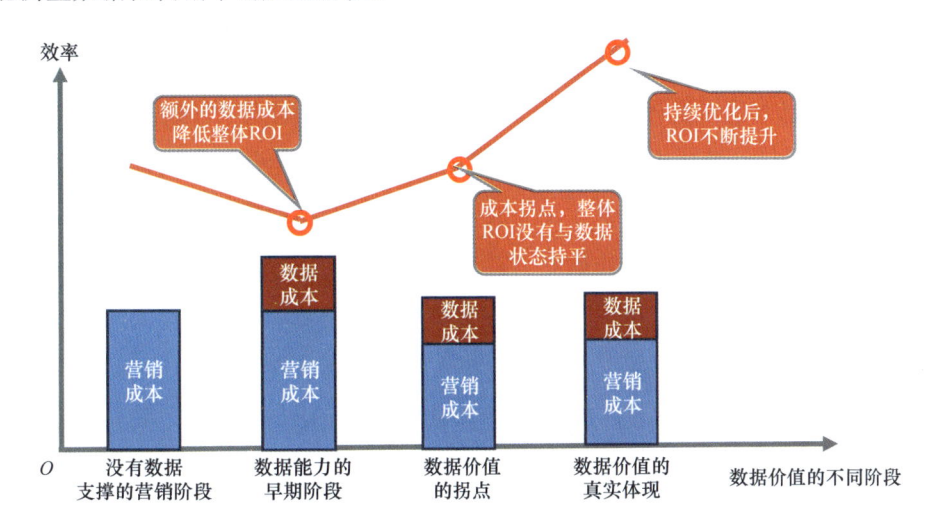

不过，营销科学是一个庞大且复杂的体系，其能力的构建并非一蹴而就。那么，有没有低成本、短平快又容易理解的方法呢？笔者给出的答案是有，即营销科学的一个分支：增效度量（Uplift Measurement），也就是常说的 A/B 测试。这种测试把营销活动分为"使用数据"的实验组和"不使用数据"的对照组，让两组同时进行，以此减少除数据之外其他因素对营销结果的干扰，从而能直观地看到数据对营销的增效作用。

举个例子，品牌方的 CRM 系统中有 1000 万个用户数据，并且花费了大量精力通过为消费者打上各种标签进行细分。那如何评估这些数据标签的价值呢？简单的做法是在大促期间，观察不同数据标签对应的转化率差异。假如被定义为"高价值"的 ROI（用户投资回报率）为 10（即 1 元广告预算能带来 10 元的 GMV），普通用户的 ROI 为 3，那么在大促期间，数据标签的增效价值就是 7（同样投入 1 元，能额外带来 7 元的 GMV）。

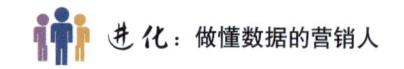

三、重技术轻运营：入局简单长期艰难

《数字化转型路线图》一书曾提出一个观点：在品牌方推动数字化转型时，资源分配应遵循 7∶2∶1 的比例，即 70% 的精力需要投入关于数据能力建设的日常运营中，20% 的精力用于能力的持续改进，10% 的精力放在从 0 到 1 的颠覆性创新上。

在数据能力建设的预算分配问题上，品牌方常常陷入一种误区。在建设初期，由于要进行大量从 0 到 1 的系统搭建工作，品牌方会认为此时需要投入更多资源；而在 1～2 年后，系统建设完成，开始进入后期阶段，便觉得可以减少资源投入了，然而实际情况并非如此。随着数据能力的逐步提高，数据应用愈发复杂，各类使用方针对数据提出了众多新要求，这反而要求在后期投入比前期更多的资源用于运营。在此情况下，数据负责人必须能够清晰认识到，此时的关注点应从大力开拓新的创新场景，转移到已实现场景的优化与扩展上，同时在人员配置、成本规划、效果度量等各个层面重新进行合理布局。

例如，某在全球享有盛誉的品牌方，已成功在多个国家拥有独立的数据能力。之后，品牌方计划在全球层面整合各国数据，将数据从"国家大集中"推进至"全球大集中"，以此助力全球管理层获得更广阔的全局视野，实现不同国家成功模式的快速复制，同时打造统一的全球敏捷营销能力。从商业设计的角度来看，这一创新思路无可非议，然而却严重低估了技术难度。因为各个国家历经多年，已分别构建起独立且庞大的数据体系，这一创新并非在从 0 到 1 的基础上实现从 1 到 10，反倒像是在推翻原有成果后重新开始从 0 到 10。数据建设者不仅要深入了解每个国家的数据能力现状，还需针对统一目标规划出各国不同的发展路径。在单个国家，或许还有长期任职的专家能够清楚阐述本国数据的详细情况，但在全球维度，即便再资深的专家，耗费再多时间，也难以对所有事务都有深刻的理解。最终，整个项目耗时数年，投入数亿美元，却未能达成预期目标。

第三节
品牌方随时需要思考的 10 个问题

在本章的末尾，笔者整理出 10 个被品牌方反复提及、频繁追问的问题，其中很多答案都是对前文观点的高度凝练。如果您是品牌方的数据负责人，不妨时常回顾一下这些问题，看看自己能否给出清晰、准确的回答。

▶ 【问题 1】数据需要解决何种业务问题？能帮到业务的场景究竟是什么？

思考点：笔者秉持数据建设应围绕场景展开，遵循需求驱动技术的理念。这一逻辑的核心在于从场景维度衡量数据价值，明确投入 1 元数据成本，在各个营销场景中分别能够收获多少收益。此外，数据建设是一项规模庞大且需长期投入的工程，唯有随时清晰阐述"如何运用"，才能长期维系管理层和营销团队的信心。

笔者列举的三个常见场景分别为：营销科学，即对营销结果进行度量，以便更有效地管理预算；精准营销，通过增效度量，能最直观地展现数据的增效价值；数据洞察，为管理层提供策略层面的输入。

▶ 【问题 2】倘若缺乏数据支持，这些营销问题会呈现怎样的状况？又该如何甄别其中的伪命题？

思考点：当品牌方在营销团队内部广泛收集场景需求时，势必会收到各式各样的反馈，其中不乏许多源于头脑风暴的创新性想法。然而，在数据建设工作启动后，不少需求提出者的积极性可能会骤然减退，其背后的根源在于，诸多场景需求属于可有可无的伪命题。

那么，究竟该如何辨别这些伪命题呢？最佳途径便是深入思考"如果没有数据，这些营销问题会产生怎样的影响"。举例来说，如果当下在缺乏数据支撑的情况下，粗放式广告投放所带来的电商转化率已远超行业平均水准，那么为何还要耗费精力借助数据开展精准营销呢？再比如，若品牌方当前的业务蒸蒸日上，营销团队已获得管理层的高度认可，此时 CMO 提出需要借助数据来科学度量营销结果并优化预算，这大概率属于低优先级的伪命题。

▶【问题 3】针对需要解决的营销问题，行业内是否存在对标案例？促使这些案例成功与失败的因素分别是什么？

思考点：在营销过程中使用数据已经有百年历史，由于长期以来营销人员的收入普遍高于传统行业，因此吸引了众多极具智慧的专家投身其中。在如此漫长的时间跨度下，尚未被尝试的营销场景极为罕见。那些能够成功实施的场景，必然已被行业所熟知；而未能成功实施的场景，背后也必然存在着复杂的缘由。

在品牌方进行场景设计的阶段，有必要广泛研究行业内的成功案例，深入思考这些案例的成功究竟是在特定时间窗口下的偶然事件，还是具有可复制性的必然结果。最为关键的是，要与案例的相关当事人进行沟通，甄别出真正的成功或失败因素。在此之后，再借鉴这些案例的场景设计、实现路径及供应商等要素，提高自身营销方案的成功率。

▶【问题 4】数据建设的路径与里程碑分别是什么？又该如何维系内部信心？

思考点：在数据建设的进程中，内部信心堪称最为宝贵的资源。若要维持这份信心，就必须持续产出基于业务场景的成果，让营销团队切实看到曾经困扰他们的问题，在当下或者未来能够得到有效解决，从而降低对数据价值的疑虑。这就要求进行充足的场景设计，设定密度合理的里程碑，并且在数据能力建设过程中，秉持"边建设边实现场景"的策略，稳步推进、小步快跑。

▶【问题 5】数据建设需要投入哪些资源（预算/人力/规则）？

思考点：在预算方面，对数据能力的期望越高，资源需求便会呈几何级数增长。管理层必须清醒地认识到，数据建设绝非仅靠投入巨额资金就能在短期内收获显著成效，无论预算多么充足，都难以实现全方位、无遗漏的覆盖。此外，在评估预算时，务必邀请经验丰富的技术人员参与。

在概念方面，同样的数据基础设施建设，价格可能相差悬殊，比如，被称作"营销数据中台"的技术基建，价格从数十万元到数亿元不等。

在人力方面，数据建设早期从 0 到 1 的阶段与后期的数据运营阶段，对人员专业程度的要求截然不同。品牌方需要依据数据能力建设的进度，提前做好人才布局。

在规则方面，针对数据口径的界定、数据应用及效果度量，都需要进行集中化管理。借助这些规则，能够有效避免数据使用的过度分散。

▶【问题 6】如何衡量数据为业务创造的价值？

思考点：若从定性层面衡量数据为业务创造的价值，则衡量的关键在于审视数据能否解决营销领域中具有重要影响的场景问题。而定量层面的衡量更为关键，这也是笔者所倡导的数据需要达成的首要应用场景。其思路在于在论证中引入数据后，营销效能所产生的增量变化。随着营销科学能力的逐步构建，完整的度量逻辑将得以完善。在运用数据衡量营销对业务价值的过程中，也能够洞察数据为营销带来的增效价值。较为简便快捷的度量方法是营销科学的一个分支——增效度量（A/B 测试），也就是对比使用数据与未使用数据这两种情形下，营销效能所发生的改变。

▶【问题 7】数据建设的时间点该如何规划？

思考点：随着时间的推移，数据能力基础建设的投入成本呈现显著的下降态势。国外相关研究成果显示，每 4～5 年，达成同样技术所需的投入便会降至之前的 10%。以营销数据中台的搭建为例，六七年前搭建该中台需要千万元级别的投入，而在当下，百万元级别就足以支撑相关考量与实施。

因此，站在品牌方的立场，在成本把控层面，究竟是即刻开展被看好的数据能力建设工作，还是将其推迟至未来某个时间点再行实施，这无疑是一个重要问题。许多行事谨慎的品牌方，每年都会针对一些重要的基础建设能力展开招标工作，综合评估各家的技术方案与报价后，再决定是在当年启动实施，还是延期至下一年继续招标。从品牌方的角度来看，这无疑是一种颇为有效的把控策略。

▶【问题8】数据建设的路径应选择自建，还是借助平台？

思考点：数据能力的基础建设，是由品牌方自行搭建，还是直接采用抖音、阿里、腾讯等平台方提供的数据工具，这一决策将直接影响品牌方建设的成本结构与实现路径。若由品牌方自行搭建，虽需要投入巨额成本且耗时漫长，但优势在于品牌方对数据拥有绝对控制权，能够实现个性化的营销场景；若采用平台方提供的数据工具，则在品牌方近乎零成本投入的情况下，该工具能够助力品牌方迅速提升数据能力，但其弊端也较为明显，即品牌方仅能具备行业通用的标准化能力，很难与同样使用该工具的友商在数据能力方面拉开差距。

至于如何在这两条路径中做出选择，笔者给出的建议是依据品牌方的预算体量和营销复杂度来判断。中小品牌方仅需依赖平台方提供的数据工具即可；大型品牌方则可以同时构建两种能力，根据不同场景选择合适的工具；超大型品牌方宜以自建能力为基础，利用平台工具弥补自建能力的不足。

▶【问题9】如何构建专属的 Super ID，实现不同数据 ID 的有效打通？

思考点：将各类消费者 ID 进行打通，从而形成统一的 Super ID，这是品牌方数据能力从初级进阶至中级的关键标志。它不仅能带来真正意义上的消费者统一视图，更是开启消费者运营的重要起点。不过，受限于数据合规要求，消费者 ID 及不同 ID 之间的关联关系无法进行交易，并且在多数行业中，仅依靠品牌方的自身能力，很难实现高质量的 Super ID 构建。

Super ID 能力实现飞跃的关键突破在于品牌方自身打造的超级 APP，但从技术研发、用户获取、运营管理及成本控制等多方面考量，这一举措的难度极大，仅有极少数大型品牌方取得了成功。尽管目前 Super ID 的构建仍存在诸多难题，近乎无解，但品牌方可以长期关注各类行业实践经验及技术发展动态，每年多与不同供应商开展沟通交流，探寻新的解决方案。

▶【问题 10】是否存在数据合规风险？

思考点：在数据能力的建设进程中，数据合规风险堪称最大的系统性风险，并且相关合规要求正在逐年收紧。从品牌方的角度来看，数据能力越强，所面临的合规风险就越大。尤其是针对第三方数据供应商的数据许可、数据出境、多方数据交互、敏感数据、数据许可授权这 5 个关键事项，品牌方务必要保持清晰认知，并能够采取切实有效的应对举措。

第 5 章
不同行业的个性化案例

- 第一节　通用行业：精细化定义目标消费者
- 第二节　快消行业：新客破圈
- 第三节　餐饮行业：消费者运营的"攻守拓"
- 第四节　食品饮料行业：新品上市
- 第五节　汽车行业：消费者采购决策链的优化干预
- 第六节　零售行业："种草＋直播电商"的O2O模式变革
- 第七节　商超行业：线下广告引流链路的度量
- 第八节　互联网行业：全链路的买量精算
- 第九节　内容行业：口碑运营
- 第十节　酒店航空行业：消费者忠诚度经营
- 第十一节　母婴行业：消费者生命周期管理
- 第十二节　B2B领域：目标客户营销

鉴于各行业品牌方的数据基础与营销目标存在显著差异，数据在各行各业的营销活动中所要解决的核心问题亦大相径庭。本节将精选几个行业的特色案例进行阐述（其中，部分案例源自明日数据，这是一家在明略科技和每日互动旗下专注于多方数据整合应用的数据服务商）。

第一节
通用行业：精细化定义目标消费者

"品牌方的目标消费者是谁？"这是营销的基石——定位理论的核心输出之一。传统做法是借助消费者调研来定义，得出的结果通常是"来自一二线城市的白领""生育一年内的妈妈"等基于基础属性的描述。在当下数字营销环境中，这种基于调研的产出与实际操作却容易出现断层，原因如下。

- 缺少细化：品牌方进行定位时需要投入大量的资源与时间，所以往往仅能做到品牌层面，不会对品牌旗下的品类乃至产品做进一步细化。对于拥有冗长产品线的大型品牌方而言，不同产品间的目标消费者可能存在极大差异，若采用一套标准覆盖所有产品线，则效率极为低下。
- 策（略）投（放）分离：定位层面依据调研所做的目标消费者定义，与执行层面的定义口径并不一致，进而导致策略与执行相分离。例如，定位中的"运动人群"指的是参与马拉松、打篮球等热爱运动的活力群体；而广告投放层面的"运动人群"，却可能是从不运动、每日躺在沙发上喝碳酸饮料，但常拿着手机看球赛的人（这类人关心运动内容或购买过运动用品）。
- 定量缺失：定位层面的目标消费者定义是定性且二元的，例如，母婴人群是某品牌的目标消费者，反之，非母婴人群就不是。然而在现实环境中，消费者呈现多元化状态。从定量角度来看，母婴人群只是转化概率更高，非母婴人群中同样存在潜在购买者。倘若品牌方想要在不同营销活动中对目标消费者的数量和质量进行定量把控，如在大促时追求少而精，新品上市时追求最大覆盖面，就需要在定性的基础上进一步实施定量细化。

精细化定义目标消费者是营销领域运用数据最为常见的场景，也是数据应用的基础工作。所以在本章的第一节，笔者率先剖析这一场景是如何达成的，案例取材于明日数据。某快消品牌具备庞大的品类及产品线，期望针对不同品类和产品分别定义独立的目标消费者，借助差异化营销来提高购买转化效率，其目的有以下三个方面。

- 精准用户洞察：在传统基础属性标签的基础上，从会员等级（会员数据）、购买行为（电商数据）、生活习惯（广告数据）、内容兴趣（内容数据）等各类标签中深度挖掘目标消费者的特征，构建更为全面的目标消费者画像。
- 电商转化率提升：这是品牌方最为关键的诉求。通过对目标消费者的进一步细分，精准定位短期内最具转化潜力的消费者，以此提升电商转化率。
- 数据自动更新：在前期成功打通数据逻辑之后，后期能够自动开展优化工作，并将需要人为干预的部分降至最低。

鉴于品牌方自有数据主要来源于会员和电商数据，无论是用户数量还是标签数量都存在局限性，千万级ID已然是上限，难以支撑丰富且深入的消费者洞察，所以，若要细化消费者画像，必须借助外部数据。由于明日数据掌握着广告和内容数据，拥有亿级的消费者数据及数百种标签，品牌方选择将自有数据与明日数据所掌握的数据相融合，以实现上述目标，整个过程分为三个步骤，如下图所示。

第5章 不同行业的个性化案例

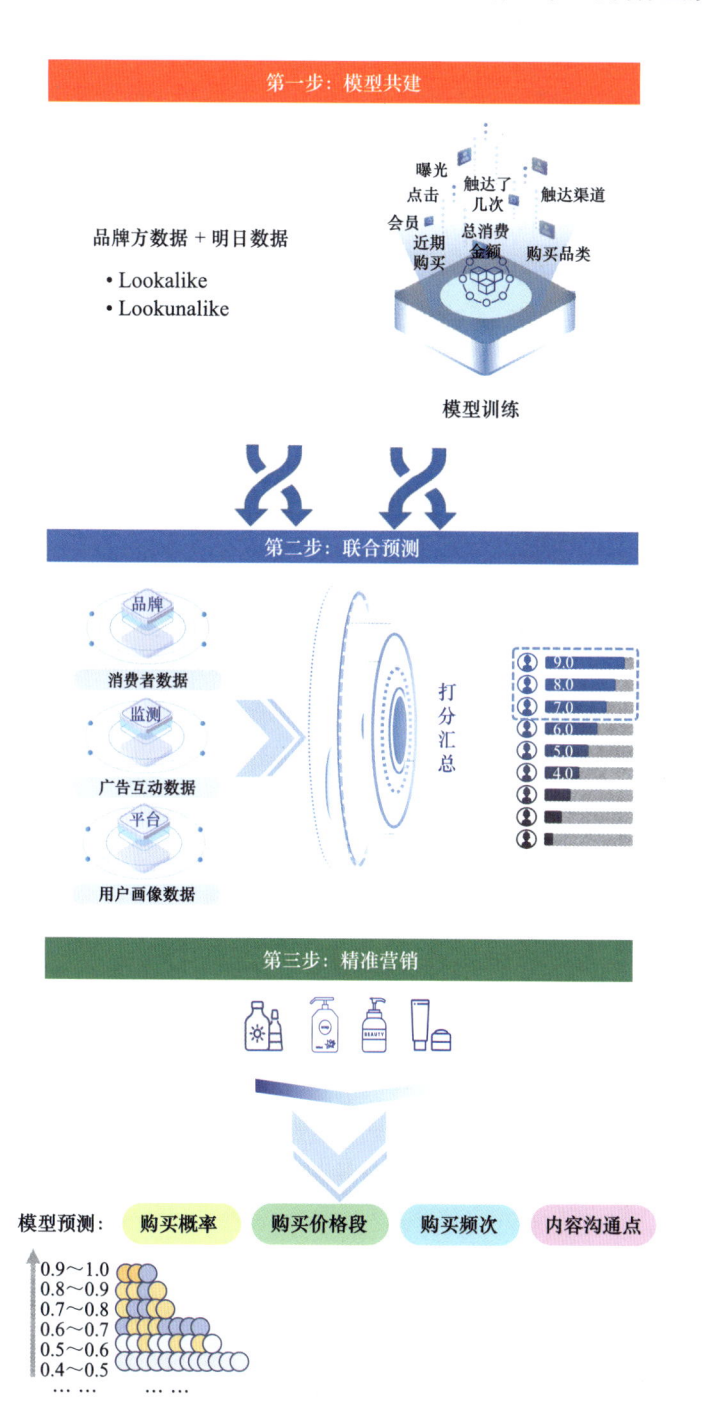

第一步：模型共建

品牌方数据 + 明日数据
- Lookalike
- Lookunalike

曝光、点击、触达了几次、触达渠道、会员、总消费金额、近期购买、购买品类

模型训练

第二步：联合预测

消费者数据（品牌）
广告互动数据（监测）
用户画像数据（平台）

打分汇总

9.0 / 8.0 / 7.0 / 6.0 / 5.0 / 4.0

第三步：精准营销

模型预测：购买概率 | 购买价格段 | 购买频次 | 内容沟通点

0.9～1.0
0.8～0.9
0.7～0.8
0.6～0.7
0.5～0.6
0.4～0.5
……　　……

步骤1：模型共建。从历史数据出发定义"过去"的目标消费者。首先，品牌方从自有数据中抽取部分样本，其字段涵盖历史购买金额、购买品类、会员等级等，以此作为一方样本数据，投入明日数据的数据库中进行多方数据补充，补充的数据包括近期广告曝光、点击、兴趣等行为数据，以及消费者画像等各类标签，与此同时，将样本分为正样本（即历史上转化率最高的消费者）和负样本（历史上转化率最低，无论如何营销都不会购买的消费者）；然后，基于补充完标签的完整数据构建Lookalike/Lookunalike两种预测模型，探寻样本用户的共性，需要特别关注那些看到广告便能即时转化的消费者标签，例如，在数天内连续点击品牌方广告超过3次的消费者，在未来15天内实现转化的可能性远超平均水平。最终预测模型的产出，阐释了过去不同标签对即时转化的影响因素，为下一步预测未来目标消费者提供了依据。

步骤2：联合预测。运用上一步基于历史样本数据构建的预测模型，对"未来"的目标消费者展开预测。鉴于预测模型基于样本数据生成，将其投入全量数据时会产生偏差，且品牌方和明日数据双方都无法将全量数据提供给对方，所以实现方式为双方把预测模型各自映射到自身的全量数据中进行独立打分，再合并双方的验证结果。预测过程通常会通过小样本测试来检验预测模型的准确性，当测试结果表明预测模型能显著提升营销场景效果时，便会将预测模型应用于实际的大规模投放。合并策略具有多样性，例如，品牌方追求消费者数量时，只要某消费者ID被单方预测模型映射认定为高潜力，就会被采用（并集逻辑）；当品牌方追求少而精的高质量消费者时，某消费者ID必须被双方预测模型都判定为高潜力才会被采用（交集逻辑）。

步骤3：精准营销。预测模型对目标消费者的预测并非是简单的是或否的二元结果，而是介于0到1之间的可能性数值。在投入营销应用时，鉴于不同营销手段在成本、覆盖面、执行逻辑等方面存在较大差异，品牌方可以依据预算规模、可用营销方式等，对不同预测分数的消费者实施差异化营销。例如，预测分数在0.9以上的目标消费者，最多可观看6次成本最高的

> 广告；预测分数在 0.6～0.7 的消费者，若在 3 次广告触达后仍未实现转化，则在后续营销中会对其进行避投操作。

在落地实施上述差异化精准营销后，品牌方的短期电商转化效率实现了 2~8 倍的跃升。不仅如此，国内某日化行业巨头，在针对单一品牌进行投放实践后，切实验证了该预测模型对实际投放效果的提升作用。目前，该巨头已将明日数据的投放策略全面应用于集团内部的 20 余个品牌，涉及数十亿元的营销预算，全面开启了高效营销新篇章。

第二节 快消行业：新客破圈

在数据库营销时代，已得出明确结论：吸引新用户购买的成本是老用户的 5 倍。Kantar 的研究显示，消费者以家庭为单位每年采购的品牌数量稳定在 55 个，这表明让消费者接受一个新品牌是一个复杂的系统工程。

成熟品牌经常面临的增长瓶颈在于原定位的目标消费者已饱和，即所有潜在消费者都已被反复营销覆盖，能转化的已转化，难以转化的仍难以动摇。此时，"新客破圈"，即寻找原画像之外的新目标消费者，成为突破瓶颈、寻求新增长的关键。

在数据匮乏的时代，新客破圈的决策往往带有很大的随意性，如仅凭主要收入来自一二线城市就试图向低线城市拓展，或盲目瞄准竞争对手用户，或用低价策略争夺，甚至盲目扩大营销范围，这些方法的试错成本高昂。

由数据驱动的最佳新客破圈实践是：首先，假设在市场的长期耕耘过程中已有不熟悉品牌的消费者购买；然后通过数据分析识别这些消费者，并进一步探究其购买是偶然还是存在未知原因；最后，评估这些消费者的数量和购买潜力是否足够大,以及是否能通过营销实现销量的显著增长。

以某高端保健品为例,原目标消费者为精致妈妈、新锐白领和资深中产。在品牌方遇到增长瓶颈后,开始寻找新客破圈的方向。显然,8大人群中的其他5种(Z世代、都市蓝领、小镇青年、都市银发、小镇中老年)的整体消费能力与前3种存在差距,但数量庞大。品牌方希望依据数据标签逻辑,从这5大人群中筛选出最具消费能力和明确需求的消费者,形成数量可控的新目标人群。

品牌方对现有消费者的兴趣标签数据进行了深入分析,探究消费者对各类内容的偏好。品牌方发现,在原定目标画像之外的消费者群体中,有16个兴趣标签尤为突出(其占比远超其他标签)。在排除了与品牌关联度较低的标签,如"警务"和"社会新闻"后,最终锁定了9个关键标签,并据此构建了3类品牌方自定义的新目标人群:爱美一族(关注皮肤护理、抗衰保养和化妆),健身达人(热衷田径、专业舞蹈和水上运动),以及文艺青年(偏好住宿酒店、人文景观和心理学),如下图所示。

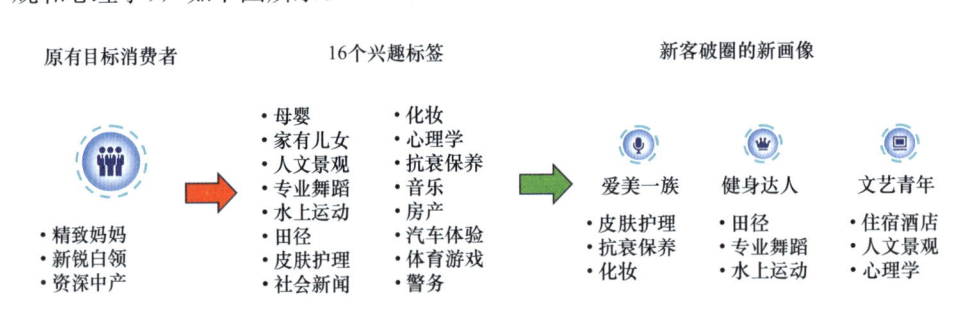

原有目标消费者	16个兴趣标签	新客破圈的新画像
・精致妈妈 ・新锐白领 ・资深中产	・母婴 ・家有儿女 ・人文景观 ・专业舞蹈 ・水上运动 ・田径 ・皮肤护理 ・社会新闻 ・化妆 ・心理学 ・抗衰保养 ・音乐 ・房产 ・汽车体验 ・体育游戏 ・警务	爱美一族 ・皮肤护理 ・抗衰保养 ・化妆 健身达人 ・田径 ・专业舞蹈 ・水上运动 文艺青年 ・住宿酒店 ・人文景观 ・心理学

若逆向思考,这些在化妆上投入颇丰、热爱运动需要补充营养,以及内向文艺的消费者,是否对高端保健品存在潜在需求呢?从结果回溯,这一推测或许显得理所当然,但若无数据分析的支撑,在事前就能准确识别绝非易事。

随后的针对性营销活动验证了这一策略的有效性。相较于盲目投放于5大人群,新定义的人群转化效率提升了40%,并在持续耕耘一段时间后,为品牌带来了20%的增量。

第 5 章　不同行业的个性化案例

第三节
餐饮行业：消费者运营的"攻守拓"

在过去几年中，随着大量资本的涌入，餐饮行业成为竞争最为激烈的领域。喜茶、茶颜悦色、文和友等新锐品牌不断涌现，它们采用"短期密集投入＋社交种草＋实体店体验"相结合的差异化打法，屡获成功，就像尖针刺破大象的皮肤一般，强烈冲击着传统餐饮品牌的市场阵地。对于已经形成规模的传统餐饮品牌而言，如何坚守自身的市场份额呢？答案是实施差异化的消费者运营（以下案例数据来自明日数据）。

某餐饮品牌方拥有庞大的会员基础和稳定的产品线，在面对新锐品牌的扩张时，期望通过输出品牌文化来增强现有用户的忠诚度，尤其是针对 Z 世代等新兴消费群体，需要讲述与以往不同的品牌文化故事。而构建差异化市场认知的前提是对消费者进行细分，该品牌方依据消费者基础画像、历史交易数据、当前兴趣偏好及地理位置这三种数据，进行了"攻守拓"维度的消费者细分，如下图所示。

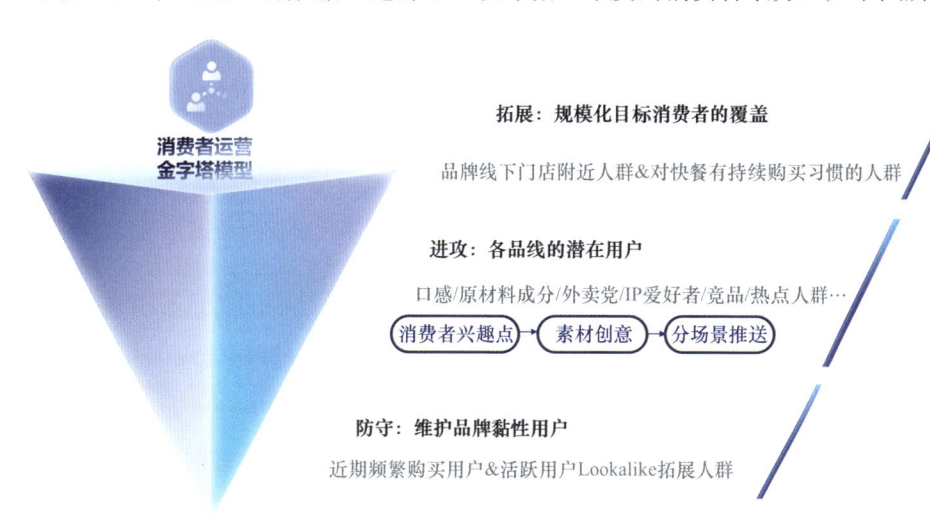

消费者运营金字塔模型

拓展：规模化目标消费者的覆盖
品牌线下门店附近人群&对快餐有持续购买习惯的人群

进攻：各品线的潜在用户
口感/原材料成分/外卖党/IP爱好者/竞品/热点人群…
消费者兴趣点 → 素材创意 → 分场景推送

防守：维护品牌黏性用户
近期频繁购买用户&活跃用户Lookalike拓展人群

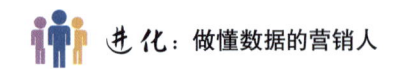

一、防守：维护品牌黏性用户

针对长期保持购买行为的用户及会员群体，这是最高优先级的细分用户类别，也是品牌方收入的基本盘。

品牌方借助历史交易数据，精准识别出活跃用户后，在短期内维持一定的广告触达量。举例来说，对于有过一次餐饮消费的用户，在接下来的数周内，会持续接收到品牌方投放的广告，并且这些广告会依据用户的喜好，推荐与之匹配的促销政策。与此同时，品牌方通过分析广告数据，筛选出近期频繁关注食品饮料领域及热点话题的年轻用户，再运用 Lookalike 预测模型对这部分用户进行扩展，以此维持该消费者群体的规模。

二、进攻：各品线的潜在用户

通过整合广告数据、地理位置数据等，为品牌方旗下不同品线分别设置独立关键词，以此定位到品线颗粒度的精准目标消费者，具体涵盖以下几种方式。

- 口感偏好：针对那些对特定辣度、甜度有明显偏好的消费者。
- 原材料偏好：聚焦对食材有细分要求的消费者。
- 竞品用户：锁定竞品店内的顾客，以及使用竞品 App 的目标用户。
- IP 及地理场景爱好：关注特定 IP 兴趣群体及其忠实粉丝。
- 生活场景：关注特定生活场景下的用户，像经常使用外卖服务解决用餐需求的用户群体，或是习惯在办公室周边餐厅用餐的上班族。

三、拓展：规模化目标消费者的覆盖

依托地理位置数据，对实体店周边的潜在客户展开持续的触达与覆盖。通过制定日常新品推广，以及针对性的触达策略，有效提升品牌曝光度与用户黏性。例如，长期针对门店周边 3 公里范围内的人群定期推送优惠券，一旦门店出台促销政策，便在第一时间将优惠信息传递给用户，这一系列举措对门店吸引新客户及提高成交率发挥了关键作用。

围绕上述消费者运营策略，目标消费者在观看广告后的购买率大幅提升了 60%，对潜在兴趣点人群而言，购买率也提升了 40%。

第四节 食品饮料行业：新品上市

在食品饮料行业，新品是实现销量增长的关键手段，其核心价值体现在以下几个方面。

- 开拓新赛道：成功进入全新的品类赛道，从而获取原本属于友商产品的消费预算份额，拓展市场空间。
- 用户破圈：打破原有产品的用户范围限制，实现破圈，精准找到新的消费客群，扩大品牌受众。
- 形象升级：在维持原有品牌形象的基础上，借助新品塑造全新的品牌认知，有效提升品牌形象，增强品牌竞争力。

新品上市面临的最大挑战并非新品滞销，而是"消费力平移"。所谓"消费力平移"，指的是购买新品的完全是品牌原有用户，且动用的是他们原有的消费力，仅仅是消费者将原本用于购买旧品的预算转移到了新品上。对于品牌方而言，这就如同将钱从左口袋挪到右口袋一般，并未带来实际的收入增长。可从成本层面来看，新品的研发与营销却需要投入巨额资金。所以，能否找到新客户和新的消费力，成为新品上市能否成功的关键所在。

例如，某食品饮料品牌方推出一款无添加的健康新品，意图切入此前较为陌生的健康饮食赛道。在此过程中，品牌方在数据层面有三个维度的诉求。

- 精准挖掘新客户：品牌方现有的数据储备难以实现对新客户的有效甄别，因此需要探索外部数据资源，并尝试运用新的数据抽取逻辑，以此来精

进化：做懂数据的营销人

准定位潜在新客户。

- 探寻适配新客户的营销方式：面向老客户的营销执行逻辑，未必适用于新客户群体。如何在尽可能降低试错成本的前提下，快速探寻出最有效的营销方式，成为亟待解决的问题。
- 精准提炼卖点："健康"是一个宽泛的主题，对于新客户而言，究竟什么样的卖点才能真正打动他们，引发其购买欲望，这需要通过数据进行深入分析与挖掘。

品牌方依托平台方所提供的数据工具，针对上述问题，以严谨且系统的方式，分三个步骤予以实施推进。

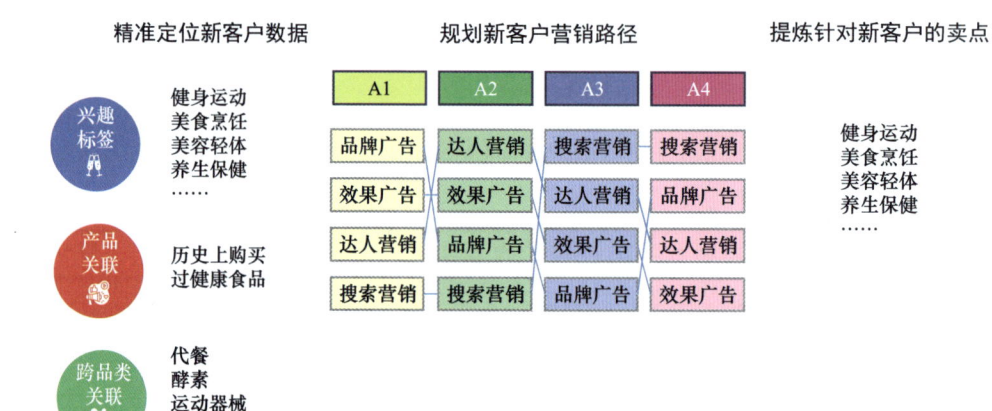

精准定位新客户数据	规划新客户营销路径	提炼针对新客户的卖点
兴趣标签：健身运动、美食烹饪、美容轻体、养生保健……	A1：品牌广告 / 效果广告 / 达人营销 / 搜索营销 A2：达人营销 / 效果广告 / 品牌广告 / 搜索营销 A3：搜索营销 / 达人营销 / 效果广告 / 品牌广告 A4：搜索营销 / 品牌广告 / 达人营销 / 效果广告	健身运动 美食烹饪 美容轻体 养生保健……
产品关联：历史上购买过健康食品		
跨品类关联：代餐、酵素、运动器械、营养补剂……		

❶ **精准定位新客户数据**：依托平台方数据，品牌方从三个维度筛选目标消费者数据。

- 兴趣标签：聚焦关注健身运动、美食烹饪、美容轻体、养生保健等内容的人群。
- 产品关联：锁定历史上购买过健康食品品类的人群。
- 跨品类关联：覆盖历史上购买过和健康食品相关品类的人群，涵盖代餐、酵素、运动器械、营养补剂等。

❷ 规划新客户营销路径：从消费者转化路径的视角出发，将所有消费者划分为 A1～A4 四个阶段。每日密切观察不同营销方式对不同阶段消费者产生的作用，合理规划不同营销形式的预算分配，并明确各自触达的目标人群。

❸ 提炼针对新客户的卖点：依据圈定的新消费者在健身运动、美食烹饪等方面的兴趣标签，确定投放内容，并根据投放效果及时优化内容。

通过上述步骤的精准实施与高效执行，成效斐然：新品上市后，总成交人数相较以往实现了超过 80% 的大幅增长。

第五节 汽车行业：消费者采购决策链的优化干预

汽车作为典型的大宗耐用消费品，具有客单价高、消费频率低的特点。消费者通常需要 6～8 周的时间来完成选型、比价、试驾等一系列决策过程。对于品牌方而言，如何精准识别已进入购车采购决策链的消费者，是汽车营销的第一个核心任务。

相较于其他行业消费者转化路径的多样化，汽车行业的消费者转化链路虽复杂且漫长，但标准化程度较高。从有意向到购车，消费者大致经历了 3 个阶段：

- 产生兴趣：消费者购车的动因多样，可能是受到同事新车的影响，或是因家庭新增成员需要购买保姆车，亦或是在某个雨天打不到出租车……这一阶段的数据广泛分布于各平台，全面掌握这些数据的挑战较大。若品牌方的资源丰富，欲在此阶段就影响消费者决策，则需要依托平台方的数据支持。
- 对比车型：消费者在明确购车意向与预算后，会开始在不同车型间比对。此阶段的数据大多集中于汽车垂直媒体（如懂车帝、汽车之家、易车等）。品牌方会利用这些垂直媒体的数据工具进行营销活动，或直接从垂直媒体获取数据进行自主耕耘。

- 预约试驾：消费者在完成线上信息的收集后，会转向线下预约试驾。在预约试驾时，消费者需要提供姓名、手机号等个人信息，因此这一阶段的数据主要由品牌方掌控。品牌方会将这些数据交由 4S 店跟进，预约试驾数据也会被视为车企营销的重要成果。

在当下充分竞争的营销环境中，消费者每日会接触到大量的汽车信息。对于品牌方而言，如何在消费者的采购决策链中找准突破口，于恰当时机以差异化卖点赢得消费者的信任，是汽车营销的第二个核心任务。

例如，某汽车品牌方为了在采购决策链的早期就影响消费者，与某平台方携手，依据消费者的内容浏览行为数据，共同开发了 3S 模型。该模型旨在识别已进入采购决策链的消费者，并判断其所处的采购阶段：

- S1：兴趣萌发的早期阶段，消费者开始频繁浏览并点击与汽车相关的各类内容。
- S2：车型对比的中期阶段，消费者展现出明确的搜索意图，并进行车型间的详细对比。
- S3：预约试驾的后期阶段，消费者主动与品牌方客服沟通，并留下预约试驾的相关信息。

3S 模型揭示了消费者对于"全体汽车品牌"的决策进程。与此同时，品牌方还采用 O-5A 模型（A1～A3，即感知、吸引、种草）来评估消费者对本品牌的认知与偏好。将这两个维度相结合，便可得到一个九宫格，进而细分出 4 大人群，如下图所示。

- 推进人群（S2S3：A2A3）：处于采购的中后期，且对品牌已有一定认知。这是品牌方需要重点投入资源的群体。
- 流失人群（S2S3：A1）：同样处于采购的中后期，但对品牌的认知匮乏。对此类人群，资源投入应较为谨慎，虽可尝试以竞争性内容进行营销，但短期内改变其决策的可能性不大。

第 5 章　不同行业的个性化案例

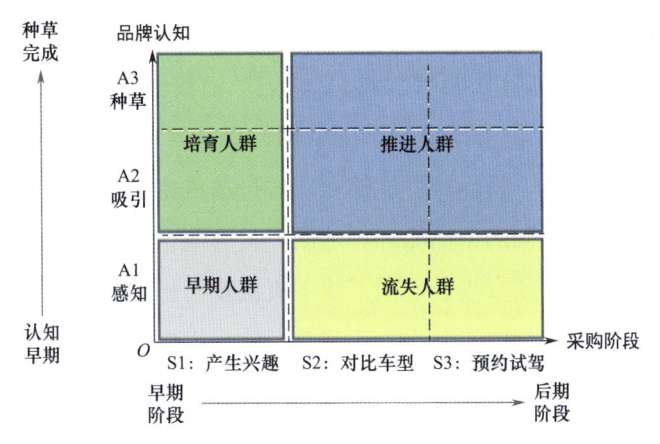

```
种草完成 ↑            品牌认知
          │
    A3种草│   培育人群  │  推进人群
          │            │
    A2吸引│            │
          ├────────────┼────────────
    A1感知│   早期人群  │  流失人群
认知早期  │            │
          └────────────┴──────────→ 采购阶段
         O  S1:产生兴趣  S2:对比车型  S3:预约试驾
            早期阶段 ──────────→ 后期阶段
```

- 培育人群（S1:A2A3）：处于采购的早期，但对品牌已有认知。品牌方需要通过多元化的内容对其进行培育，并持续观察其是否有可能转化为推进人群。
- 早期人群（S1:A1）：同样处于采购的早期，但对品牌的认知不足。这一人群规模庞大，需求尚不明朗，品牌方宜投入少量资源进行长期观察。

基于上述人群细分，品牌方制定了针对预算分配、营销内容及触达频次等策略。例如，对于至关重要的推进人群，品牌方不惜成本，确保每位消费者在 20 天内至少能接触到 15 次广告。得益于这种数据驱动的营销优化策略，品牌方的销量实现了显著增长。

第六节
零售行业："种草 + 直播电商"的 O2O 模式变革

在零售行业，品牌方开展营销活动的最根本诉求便是引流：先通过投放线上广告吸引消费者的注意力，再借助团购券将消费者引流至线下进行核销，从而完成交易。这种单向的 O2O 模式已长期存在，并催生了美团、大众点评、饿了么等大型平台。该引流模式呈现出货架式特点：消费者基于自身需求进行搜索，而品牌方的展示顺序取决于广告投入的费用，即投入越多，越容易被消费者看到。此模式的优势在于，若品牌方能够在广告投放成本与销售收益之间寻得良好的平衡点，便能形成利润的正向循环。然而，其弊端也十分明显，一旦利润无法覆盖广告成本，品牌方减少投放费用，线下流量就会显著减少。如何提升消费者黏性，使消费者不再仅仅因线上广告而消费，这是零售品牌方面临的第一个核心问题，绝非仅靠消费者到店消费后添加微信就能轻易解决。如何突破现有用户群体，挖掘新客户，避免仅在老用户身上持续投入广告，进而实现业务增量，是零售品牌方亟待解决的第二个核心问题。

随着抖音、小红书、快手等内容平台的迅速崛起，零售品牌方开始借鉴快消等行业"种草广告+直播电商+数据"的运营模式，在延续原有货架逻辑引流方式的基础上，积极探索基于种草逻辑的引流策略，并且取得了显著成效。以抖音本地生活业务为例，短短一两年内，其成交金额便从零增长至数百亿，成绩斐然。

例如，某餐饮品牌方历经多年深耕，于全国布局数千家实体店，在支付与客服场景中，积累了海量线下消费人群的私域数据。当前，品牌方面临用户数量增长瓶颈，意图借助内容平台的"种草广告+直播电商"模式，开拓原有运营模式难以触及的新客源。围绕数据，品牌方实施了三个连贯动作。

❶ **精准定位潜在消费者**：品牌方将自有线下数据与平台方的线上数据进行交叉分析，锁定了第一批居住在实体店周边、钟情于自身餐饮风格却尚未到店消费的目标消费者。与传统货架引流、等待消费者主动搜索的逻辑不同，品牌方主动向这些潜在消费者投放种草广告，旨在将其引入直播间，推动优惠券的销售。

❷ **优化目标消费者数据**：在直播间积累了首批种子用户后，品牌方明确了何种画像的消费者易于接受这种引流方式，进而对原有目标消费者数据进行精炼。与此同时，依据修正后的画像，借助平台方的数据工具 Lookalike 生成一批新数据，并持续循环分析画像、删选数据、添加数据这一系列动作。

❸ 优化内容与话术：当平台上的数据积累达到一定规模后，品牌方通过数据分析优化种草广告内容及直播间话术，进一步提升运营效率，并且挖掘出都市蓝领周末休闲的新消费需求。

经过一段时间对上述动作的执行，品牌方通过精准的数据应用策略，取得了显著成效：相较于传统的盲投方式，当前的数据应用模式所带来的效果达到了盲投的 20 倍以上，有力地验证了该策略的科学性与高效性。"种草广告 + 直播电商"的 O2O 模式示意图如下所示。

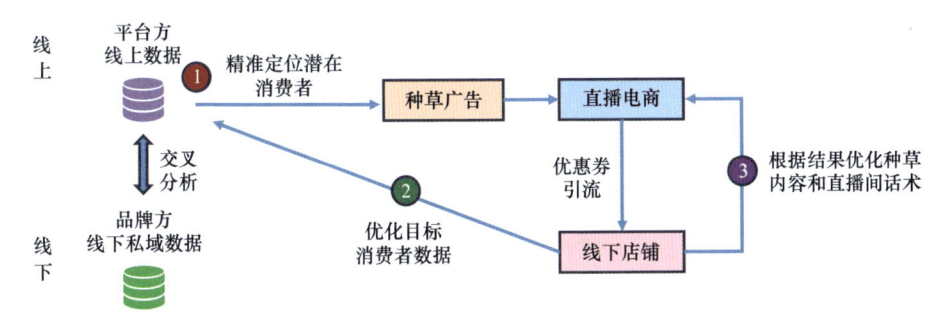

第七节
商超行业：线下广告引流链路的度量

从数据维度来看，线上互联网广告拥有更为科学的度量与优化方法，这也使得众多营销人员将数字营销视为线上广告。然而，从消费者行为的视角分析，线下的户外广告、电梯广告、地铁广告等，在某些方面具备超越线上广告的效果。研究显示，影响消费者心智的广告形式具备以下三个特征。

- 广告展示时需要占据消费者足够大的视野空间。
- 广告需要在消费者面前保持足够长的展示时间。
- 消费者在观看广告时需要处于注意力集中状态。

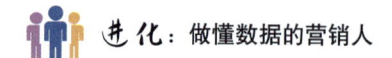

这些特征正是线下广告的优势所在。然而，受限于数据层面难以有效论证线下广告对收入的影响，品牌方对其价值难免心存疑虑。实际上，随着当下数据处理技术的发展，已经有能力对线下广告在短期收入方面的价值进行度量。例如，某商超品牌方长期在各门店周边投放户外广告和梯媒广告，委托明日数据对这些线下广告进行科学评估，期望明确其是否有效触达目标消费者，分析广告对人流量和订单量的提升作用，甚至进一步精确计算出不同位置广告投入产出的投资回报率（ROI）。明日数据的整个评估过程分为三个步骤。

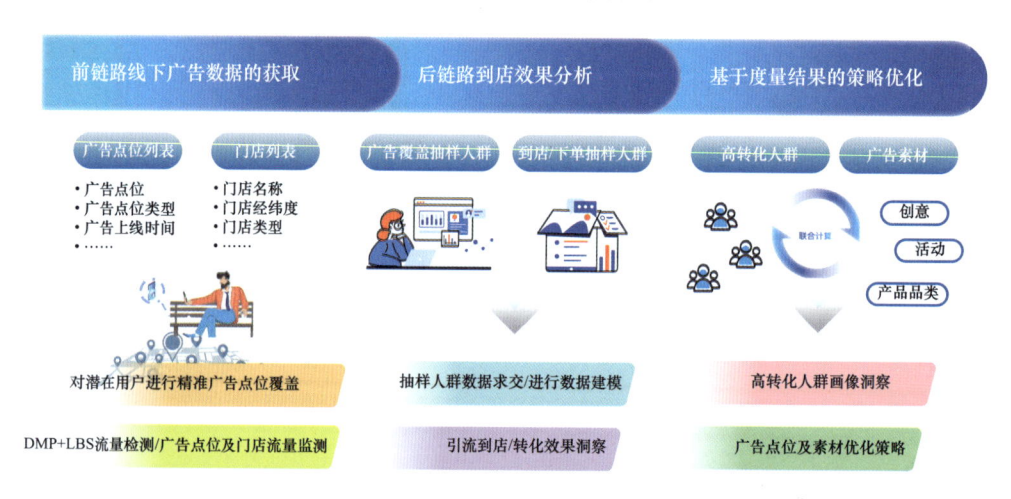

❶ 前链路线下广告数据的获取。从数据层面出发，品牌方以地理位置数据为基础，对不同线下广告周边可触达的消费者流量展开监测，具体涵盖消费者画像、流量出现的时间节点、停留时长等关键数据，以此精准评估线下广告实际触达的消费者群体特征。

❷ 后链路到店效果分析。考虑到数据合规性，无法获取全量数据，因此对线下广告覆盖的消费者数据进行抽样处理。将抽样数据与后链路的实际到店和交易数据进行整合打通，运用多源数据建模的方式，精准验证实际到店和消费人群的占比情况，从而深入了解广告投放对消费者行为转化的实际效果。

❸ 基于度量结果的策略优化。针对被线下广告覆盖且产生到店和购买行为的用户，按照分店维度进行更为深入的人群洞察分析，旨在梳理出不同线下广告

引流至不同门店的最优路径，包括但不限于分析不同消费者画像的差异、高转化率用户的显著特征、广告素材的针对性调整方向，以及未来有待拓展覆盖的新线下广告点位，为广告投放策略的优化提供有力依据。

通过上述一系列的度量与优化举措，在预算保持不变的情况下，商超品牌方的实体店消费者平均到店率提升了 14%，订单率增长了 7%，显著提升了线下广告的投放效能。

第八节
互联网行业：全链路的买量精算

互联网是营销数字化程度最高的行业之一，原因在于品牌方通常拥有自己的 APP，能够轻松收集到海量消费者的行为数据，并构建起完善的 ID 体系，从而轻松实现 Super ID 的构建。此外，消费者的决策链路短且直接，品牌方通过买量（即广告投放）带来的转化几乎是即时的。消费者一旦被广告吸引，便会立即下载 APP；若不喜欢，则不存在如种草等中长周期的购买链路转化。这就意味着品牌方能够依据近乎实时的度量数据，灵活调整前链路营销的预算分配：哪个平台在上一个小时的 ROI 更高、带来的用户数更多，下一个小时的预算便倾向于哪个平台。若下一个时间周期的结果发生变化，则继续根据新结果调整投放策略。这种数据高阶能力，是其他行业品牌方梦寐以求的。

鉴于国内 APP 大多可免费下载，互联网品牌方的主要收入来源于消费者安装 APP 后的消费行为，故品牌方的消费者转化漏斗通常包含三层：看过广告的、安装 APP 的，以及在 APP 内付费的。通过 Super ID 的连接，可以对每一层的消费者进行精算，每一笔收入都能逆向追溯到之前的投入价值。例如，某消费者在游戏 APP 中充值，品牌方便能追踪到该消费者的全链路信息：从哪个应用商店下载的 APP？是通过哪个广告进入的应用商店？当时广告的购买价格及模式是怎样的？这些深入的数据洞察，能够为品牌方提供广告投放策略的优化指导。

由于互联网 APP 的主要成本在于买量，因此当广告数据、安装数据与付费数据实现全链路打通后，买量便呈现出新的精算逻辑。以某品牌从 A、B 两个平台买量为例，从 APP 平均安装成本来看，A 平台的平均安装成本可能是 B 平台的一倍，按照传统逻辑，预算应倾向于 B 平台。然而，品牌方基于 Super ID 的全链路分析发现，A 平台引入的消费者具有更强的消费能力。从 APP 安装后一年的付费数据来看，由 A 平台引入消费者的付费金额是由 B 平台引入消费者的 3 倍。从这种全链路精算的角度来看，尽管 A 平台的买量价格高于 B 平台，但其增长价值却更为显著，因此应获得更多预算。消费者全链路的买量精算如下图所示。

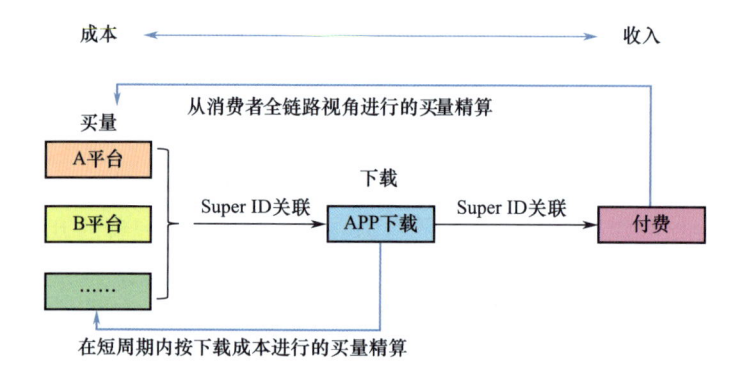

第九节 内容行业：口碑运营

在电影、电视剧、综艺、体育赛事等内容行业中，由于商品销售周期极短（如电影上映期通常仅为数周），如何在这短暂的时间窗口内塑造良好口碑，成为了内容行业营销的核心诉求。数据在此过程中发挥着三重价值：精准挖掘最能触动市场的核心卖点，有效管理以减少负面舆情，以及在社交媒体上探寻更高效的传播路径。

以某部电视剧为例，品牌方在上映前夕便开始在社交媒体上投放预热内容，随后依据累积的社交数据进行深入分析。

1. 卖点提炼

行业内提炼卖点的方法被形象地称为"词云"。其数据处理流程如下：

❶ 首先，从社交媒体上抓取与电视剧相关的讨论内容，通过关键词（如电视剧名、各主角名字等）进行筛选。

❷ 然后，利用技术进行"切词"，将完整句子拆解为单个词汇。在剔除"我""觉得"等无用词汇后，剩余的便是可用于卖点提炼的宝贵数据。

例如，从消费者评论"我觉得电视剧×××的女主角很美"中，可提炼出卖点"女主角"与"美"。通过统计各词汇出现的频次，品牌方能准确判断卖点的优先级，并据此在上映前集中投放关于主角的内容。

2. 舆情管理

社交媒体上的观点多元，负面内容难以避免。鉴于社交媒体的传播特性，若品牌方未能及时发现并控制初期的负面内容，一旦进入传播的爆发期，负面内容将呈指数级扩散。为及时捕捉潜在的风险舆情，行业普遍采用情感分析技术进行应对。简而言之，即对评价中的情感词汇进行量化评分，如"非常好""值得看"等正面词汇得正分，"不好""比不上其他电视剧"等负面词汇得负分。通过情感打分，品牌方能迅速识别出海量社交内容中的负面舆情，为即时干预提供了明确方向。

3. 传播路径分析

社交媒体（如微博、微信等）是内容行业传播的主战场，其内容传播呈现圈层化特点，即由达人或明星发起，经不同达人和消费者转发扩散。传播范围取决于达人的转发量及各自的粉丝数。如今，基于数据的传播路径分析能清晰展现出不同的传播圈层，识别出核心内容的生产者与传播者，从而助力品牌方精准投放预算在关键达人身上。

例如，在《三生三世十里桃花》电视剧的营销案例中，大传播量的内容主要

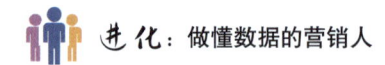

源自 5 个账号：电视剧官方账号、女主角官方账号及 3 个女主角的粉丝账号。而在传播路径中发挥核心作用的 30 个账号中，大部分来自女主角的粉丝群体。口碑运营的示意图如下所示。

卖点提炼：词云

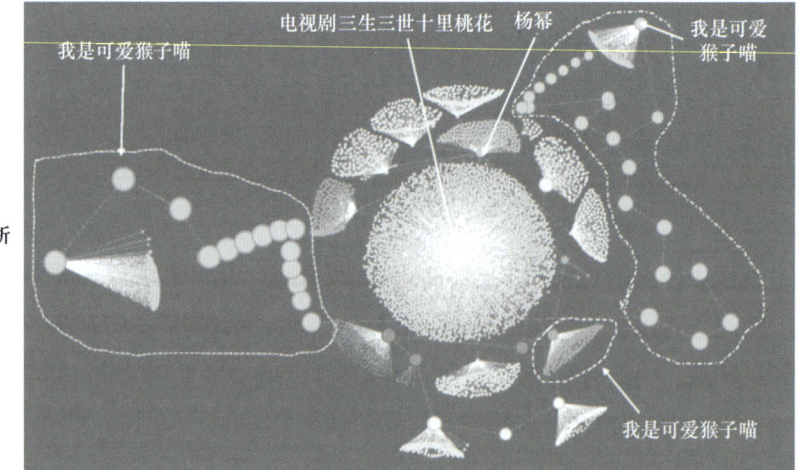

传播路径分析

第十节
酒店航空行业：消费者忠诚度经营

决定消费者购买机票、预订酒店的因素很多，其中航空公司或酒店集团的品牌名称可能仅位列价格、产品特性（如飞机型号、地理位置、起飞时间等）之后，屈居第 3 位。这对品牌方而言颇为不利，因为这容易导致与竞争对手陷入价

第 5 章 不同行业的个性化案例

格战，或需要不断投入资源以翻新产品来吸引消费者。尽管航空公司或酒店集团推出了会员计划，试图通过 CRM 系统增强消费者的忠诚度，但对消费者而言，积分和会员等级的积累过程缓慢且价值感不高，大多数会员积累的积分难以兑换到实质性回报。

此外，消费者预订机票和酒店的主要渠道是 OTA 平台（如携程、飞猪等），这些平台掌握着大量的消费者数据，并拥有影响消费者决策的营销手段。当消费者准备预订时，OTA 平台的搜索工具在决策过程中具有极大的影响力，往往将品牌方推向价格战的风口浪尖。因此，品牌方的核心诉求之一在于如何有效推广自有 APP，引导消费者通过自有渠道进行购买。显然，单纯依靠低价并非长久之计，那么，在保障利润的前提下，如何利用数据探索创新模式呢？

国外某航空公司通过将自身的 CRM 数据与社交媒体数据相融合，创新性地推出了智能选座系统，为消费者提供了除价格之外的另一个重要的决策依据。

考虑到乘客乘坐飞机的时间通常超过两小时，在这段时间内多数乘客会选择通过阅读、观影等方式打发时间。试想，如果乘客 A 正计划前往某度假胜地，而邻座乘客 B 恰好在该地生活多年，熟知当地景点且乐于分享，那么两人利用这段旅程的时间交流旅行心得，对于乘客 A 而言，无疑将极大地提升旅行体验，甚至愿意为此支付额外费用。基于这一洞察，某国外航空公司开发了自有 APP 上的智能选座系统，旨在通过为乘客匹配旅伴来提升旅途的愉悦度。该系统背后的数据逻辑严谨且复杂，如下图所示，主要包括以下几个步骤。

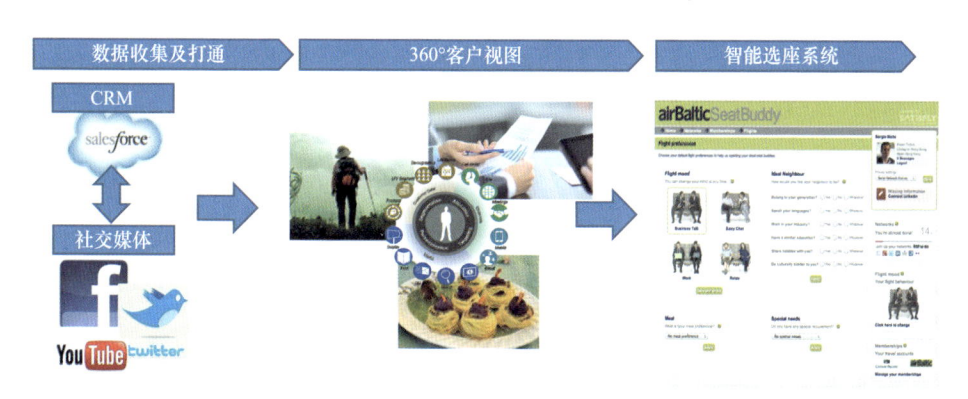

❶ 旅客注册成为航空公司的会员，并授权将 CRM 会员数据与社交数据联通。

❷ 旅客为自己添加"旅行爱好者""专业厨师"等个性化标签，或直接采用品牌方基于数据分析得出的标签。

❸ 在进行航班选座时，旅客可选择是否愿意在旅程中与邻座乘客交谈或分享。

❹ 在航班选座过程中，旅客能查看其他已选座旅客的标签，从而做出更合适的座位选择。

❺ 旅客还可预订特定标签的旅伴及可飞行的日期，一旦有符合标签的旅伴出现，航空公司将及时通知旅客。

此案例的精髓在于，数据不仅可供品牌方内部使用，更可在营销场景中赋能消费者，为品牌方打造出差异化的增值服务。这种创新模式有效避免了价格战，同时为消费者提供了更多使用 APP 的理由。在国内，春秋航空借鉴此模式推出了"微选座"系统，其独特之处在于，当旅客标注"未婚求偶"标签，且同一航班上拥有此标签的旅客超过 10 位时，春秋航空将特别策划相亲航班，助力旅客间的互动与交流。

第十一节
母婴行业：消费者生命周期管理

母婴行业独具特色，原因如下：

- 首先，国内每年的新生儿数量不足 1000 万，相较于庞大的人口基数，母婴群体显得相对小众。每位消费者的需求明确且稳定，消费能力的高低并不改变婴儿每半个月消耗一罐奶粉的速度。对于品牌方而言，市场需求呈现零和状态，不存在所谓的新客破圈现象。

- 其次，母婴群体在各类消费群体中的消费能力最强。根据国外营销理论，人的一生中会有三次购物高峰，分别是工作的第一年、结婚的第一年和生育的第一年。许多消费者的第二辆车、第二套住房都是在母婴期间购置的。
- 最后，消费者对品牌的选择具有高度的稳定性。例如，一旦婴儿习惯了某个品牌的奶粉，仅有10%～15%的消费者会因过敏等原因在换段时更换品牌，大多数消费者会从一而终地选择同一品牌。

以奶粉品牌方为例，其营销策略可分为攻防两端：

- 进攻端获客：关键在于如何精准定位怀孕期的妈妈，提前在她们的心中树立品牌形象，从而确保婴儿的"第一口奶"选择自己的品牌。这几乎意味着锁定了未来所有的奶粉预算。与此同时，还需要敏锐捕捉竞争对手的消费者换奶粉的时间窗口，以赢得品牌更换的机会。
- 防守端运营：重点在于做好现有消费者的生命周期管理，这是品牌方收入的基本保障。如今，品牌方针对母婴群体的营销方式多样且丰富，需要根据消费者的不同需求实现个性化的营销和服务，以维持消费者的高忠诚度，确保获取生命周期内的每一笔预算。

在数据层面，营销的诉求包含以下三个方面：

- 潜在妈妈及友商换段消费者的挖掘：在其他行业的案例中，也存在类似的实践。通过平台方的消费者行为数据，可以识别出进入怀孕期的妈妈。例如，搜索或浏览"防辐射""叶酸""孕妇奶粉"等内容的，通常是孕早期的妈妈；搜索或浏览"孕吐""DHA""孕妇装""生育保险"等内容的，则多为孕中期的妈妈；而搜索或浏览"待产""备血""脐带血"等内容的，则往往是孕晚期的妈妈。另外，搜索或提及"奶粉换段""奶粉过敏"等内容的，则大概率是当前正在使用友商奶粉，但在换段期间遇到问题的妈妈。
- 现有消费者生命周期的判定：鉴于奶粉的段位是固定的，如一段适用于婴儿0～6个月，二段适用于6～12个月，以此类推，因此，根据消费者

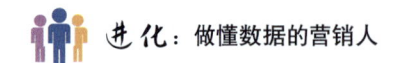

购买奶粉段位的数据，可以轻易地判断出消费者的当前段位，以及预测出消费者更换奶粉的时间窗口。

- **构建消费者 Super ID**：在品牌方的所有销售渠道中，电商平台可以提供消费者的订单手机号，而在线下实体店，品牌方会安排导购员在引导销售的同时记录下消费者的手机号。然而，仅通过手机短信和电话很难与消费者频繁互动，从而形成忠诚度。当前行业的最佳实践是围绕私域流量，在微信的营销生态中完成对消费者全生命周期的管理，如下图所示。

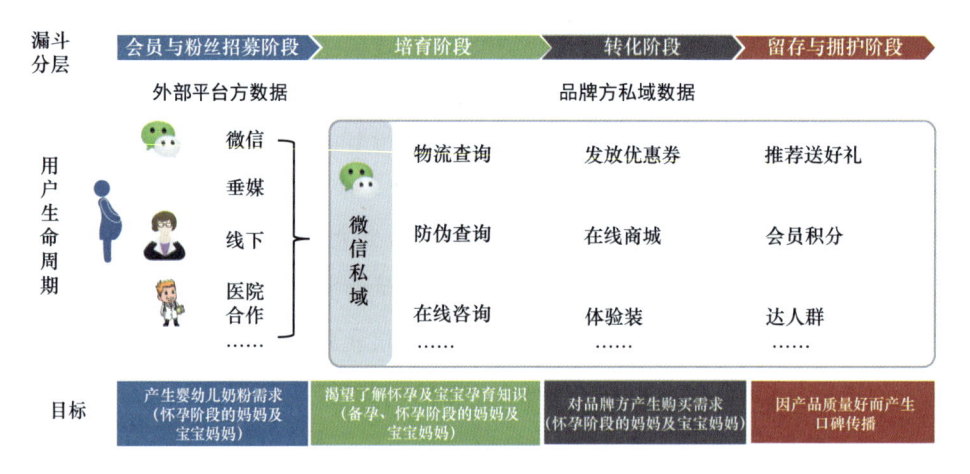

漏斗分层	会员与粉丝招募阶段	培育阶段	转化阶段	留存与拥护阶段
	外部平台方数据	品牌方私域数据		
用户生命周期	微信 垂媒 线下 医院合作 ……	微信私域	物流查询 防伪查询 在线咨询 ……	发放优惠券 在线商城 体验装 ……	推荐送好礼 会员积分 达人群 ……
目标	产生婴幼儿奶粉需求 （怀孕阶段的妈妈及宝宝妈妈）	渴望了解怀孕及宝宝孕育知识 （备孕、怀孕阶段的妈妈及宝宝妈妈）	对品牌方产生购买需求 （怀孕阶段的妈妈及宝宝妈妈）	因产品质量好而产生口碑传播

某奶粉品牌将消费者运营细分为以下四个阶段：

- **会员与粉丝招募阶段**：携手外部平台方、合作伙伴及线下导购，共同触及潜在消费者，旨在初步建立消费者认知与关系的纽带，此阶段主要依托平台方的数据进行精准营销。
- **培育阶段**：从多元渠道接触消费者后，悉心引导其加入微信私域（包括公众号、导购企业微信等），提供的核心吸引点涵盖物流查询、防伪查询、在线咨询、专家讲堂等刚需内容。自此，品牌方可通过微信 API 接口获取私域消费者的详细数据，并以微信的 Open ID 作为每位消费者的唯一标识。
- **转化阶段**：依据历史购买数据，精准预判消费者购买奶粉的时机，通过发放优惠券等策略，引导消费者前往在线商城完成购买。针对需要更换奶粉段位的消费者，则通过邮寄体验装的方式，进一步增强消费者黏性。
- 留存与拥护阶段：当消费者步入生命周期的尾声，即将停止奶粉购买时，品牌方致力于挖掘其口碑潜力。通过鼓励消费者分享个人体验、参与推荐奖励活动等形式为品牌背书。

第十二节
B2B 领域：目标客户营销

B2B 领域（涵盖企业、政府、医疗、教育等领域客户）的营销策略与 B2C 领域的截然不同，如下图所示。B2B 客户更为成熟、理性，决策过程相对缓慢，采购环节涉及众多决策者，且核心客户对收入的贡献尤为显著，甚至在某些情况下，他们对品牌方的产品了解得比品牌方自己还要深入。B2B 营销的核心在于，在漫长的周期中与客户建立起持久且稳固的信任关系，简化客户在采购过程中面临的复杂决策流程，从而避免在最终的招标环节中仅仅依靠价格优势来赢得客户。

不同点	B2C	B2B
营销主题	个人或家庭	政府、医疗、教育、企业
客户画像	需求个性化	需求同质化
采购决策链	简单，个人可决定	政府、医疗、教育、大企业内部具有非常复杂的采购流程，涉及在多部门间的流转；中小企业由少数采购决策人决定
冲动消费	大量存在	很少
购买力	单个消费者的购买力有限	少数大客户占据主要采购量
采购周期	快速消费品的采购周期非常随意；耐用消费品的采购周期基本固定	具有清晰的采购周期和时间点
营销内容	卖点越简单越好	卖点越复杂越能卖出高价

进化：做懂数据的营销人

相较于 B2C 领域的营销策略在过去十年中的日新月异，B2B 领域的营销策略在数据应用方面的变革则显得相对有限。其中，唯一的亮点来自国外技术公司 Demandbase 所提出的 ABM（Account Based Marketing，即目标客户营销）方法论。ABM 最初是 Demandbase 开发的一种数据应用逻辑：品牌方通过在自己官方网站上埋设代码来获取访问官网的客户 IP 地址，再借助公开的 IP 地址库反查出对应的客户名称。根据这些 IP 地址在官网上的行为轨迹，品牌方能够大致判断出客户的需求情况。例如，若某客户花费大量时间浏览并下载了某个产品的白皮书，则通常意味着该客户对该产品有着明确的需求。此时，品牌方便可从 CRM 库中查找到该客户的联系方式，进而开始追踪并满足这一潜在需求。最初的 ABM 数据应用逻辑如下图所示。

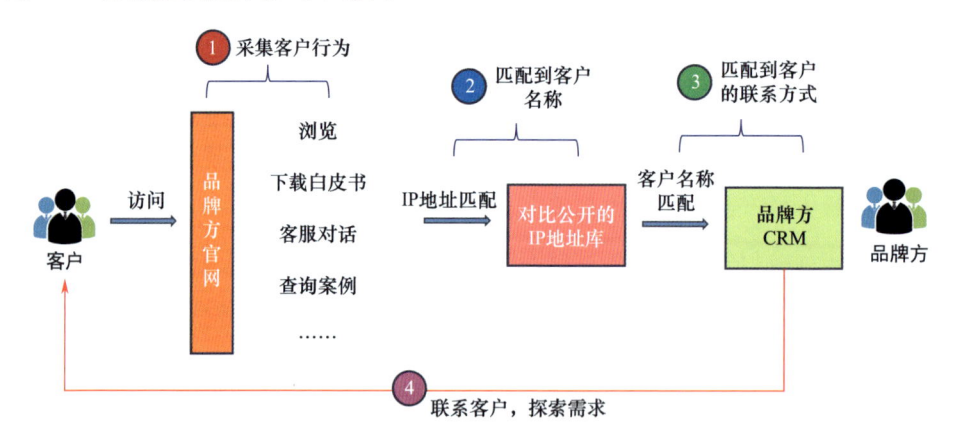

经过数年的演变，ABM 已从单一的技术工具发展成为一套完备的营销理论体系，其核心观点大致包括：

- 深入理解客户的采购决策链，对决策阶段进行细致分层，以便合理分配差异化资源。
- 精准定位关键采购决策人，将营销的主要目标聚焦于单个决策人，而非泛泛的群体组织。
- 利用数据手段提前挖掘早期需求，助力品牌方集中资源，抢占市场先机。

落地到数据层面，ABM 可以拆解为三件事情。

1. 围绕采购决策链的客户画像

与 B2C 领域追求广度的消费者画像不同，B2B 领域的客户画像更注重深度挖掘。从客户的采购链出发，由粗及细地剖析客户的购买力、需求点、决策流程、决策人等关键数据，以全面解答"客户是谁""他们想买什么""他们是否有购买能力""谁来做决定"等核心问题。理想情况下的 B2B 客户画像如下图所示。

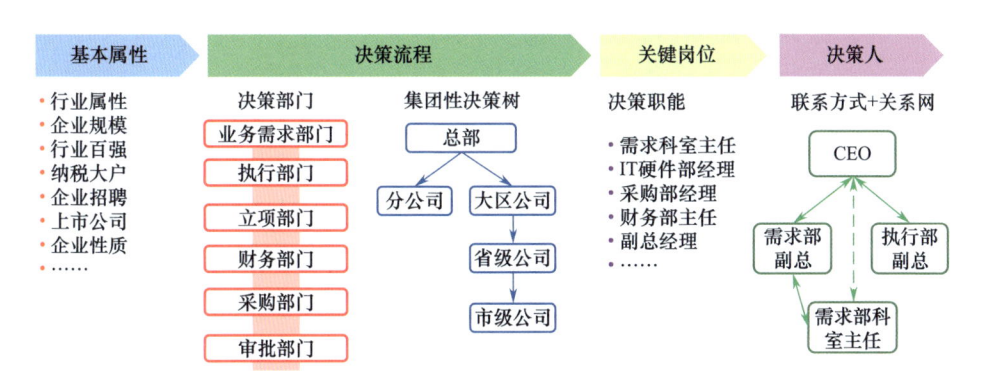

基本属性
- 行业属性
- 企业规模
- 行业百强
- 纳税大户
- 企业招聘
- 上市公司
- 企业性质
- ……

决策流程

决策部门：
- 业务需求部门
- 执行部门
- 立项部门
- 财务部门
- 采购部门
- 审批部门

集团性决策树：总部 → 分公司 / 大区公司 → 省级公司 → 市级公司

关键岗位

决策职能：
- 需求科室主任
- IT硬件部经理
- 采购部经理
- 财务部主任
- 副总经理
- ……

决策人

联系方式+关系网：CEO ↔ 需求部副总 ↔ 执行部副总 ↔ 需求部科室主任

- **基本属性**：涵盖所处的行业属性、企业规模、企业性质等关键信息，为预判客户需求与购买力提供重要依据。
- **决策流程**：客户内部部门划分明确，决策流程涉及需求提出、执行推进、项目立项、财务审核、采购实施、审批决策、审计监督等多个节点，各节点的痛点各异。品牌方需要针对决策流程上的每个节点，量身打造个性化卖点。以数据中台销售为例，需要向需求方阐明使用场景与业务价值，向 IT 部门展示技术的成熟度与先进性，向财务部门与审批部门说明成本结构，向采购部门展现强大的背书与不可替代性。这些卖点需要逻辑严密、无懈可击，对品牌方而言，无疑是一项庞大且复杂的工程。
- **关键岗位**：这是 ABM 策略发挥效用的关键节点。在了解客户审批流程的基础上，还需深入剖析决策链中的决策人职位。例如，当某品牌方副总裁具有审批 100 万元以下合同的权限时，若需求总金额低于此标准，则某品牌方的副总裁就是关键岗位。

- 决策人：这是 ABM 数据的最核心突破点，也是客户画像最深层次的理解维度，即明确关键岗位上的人是谁。与 B2C 领域不同，B2B 领域的决策人具备专业素养与商品评估能力，不太可能因广告而直接采购。决策人的判断逻辑需要通过品牌方销售人员的反复沟通来甄别。在此层面上，营销的主要任务是为销售提供足够精细的决策人数据。在 B2B 营销实践中，直接联系中高层客户可能会显得失礼且效率低下。市场团队可利用网上公开的数据，深入了解决策人的社交关系，寻找接触决策人的有效途径，助力销售人员顺利完成与决策人的对接。

2. 销售线索管理

与 B2C 领域采用 O-5A 模型来界定消费者对品牌方的认知程度不同，ABM 框架下的 B2B 客户分层主要基于需求阶段。鉴于 B2B 客户的采购周期往往长达数周乃至数月，品牌方会依据需求阶段将客户划分为漏斗形的上下两层结构：上层由营销团队主导，负责从甄别潜在需求的 Leads（销售线索）到明确需求的 MQL（Marketing Qualified Leads，市场合格线索）；下层由销售团队接管，负责从销售团队自身角度确认需求的 SAL（Sales Accepted Leads，销售接受线索）到 SQL（Sales Qualified Leads，销售合格线索），直至最终实现销售业绩（Revenue）。

BANTC 是一种需求定量分层的有效方法，它依据 5 个关键维度来评估需求阶段，并在营销与销售团队达成共识后，为每个维度赋予 1～5 分的评分，共计 25 分。具体维度包括：

- B（Budget，预算）：客户是否已明确预算并立项。
- A（Authority，决策人）：项目中是否已确定关键决策人，以及该决策人对品牌方的立场和偏好。
- N（Needs，需求）：客户是否已清晰界定项目所要达成的业务目标。
- T（Time，时间）：项目是否有明确的时间规划，以及是否已接近采购阶段。
- C（Competitor，竞争对手）：项目中是否存在竞争对手，以及当前的竞争态势如何。

第 5 章 不同行业的个性化案例

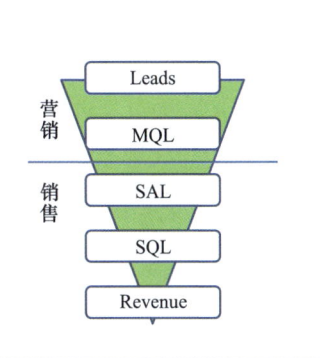

评分	B-预算	A-决策	N-需求	T-时间	C-竞争对手
5	清晰的预算金额	清晰的项目负责人和审批人	清晰的业务需求和产品需求	3个月内有签约产品倾向	了解客户产品的使用现状和项目中需要考虑的竞品细节
4	预算已过审批，金额未定	现有对口人无决策权，但可以提交需求	业务需求清晰，产品需求不清晰	在1个月内有商讨商务细节的意愿	了解客户产品的使用现状和项目中需要考虑的竞品厂商，但不了解细节
3	正处于预算审核阶段	现有对口人有项目建议权，但无法推进项目	业务需求清晰，无产品需求	愿意进一步了解产品，在3~6个月内会有进一步动作	客户在考虑竞品，但不愿透露相关情况
2	将申请预算	现有对口人在项目组内，但无足轻重	没有清晰的业务需求，但希望进一步了解产品	在6个月内没有明确的动作	客户对产品理解不清，无法清晰描述竞品的使用情况
1	没有预算	现有对口人和项目无关	没有清晰的业务需求	不确定时间点	客户不愿透露产品的使用情况

3. 需求的早期挖掘

除品牌方利用 ABM 技术在官网上捕捉早期需求外，互联网上同样蕴藏着丰富的需求信息。对于 B2B 营销数据专家而言，挖掘这些需求的方法多种多样，例如：

- 某 IT 品牌旨在向在建的数据中心推销 IT 基础设施产品。鉴于国内所有建筑工程均需向政府申请资质，并将工程信息公示于政府网站，故该品牌方运用爬虫技术持续收集来自众多地方政府网站的建筑相关数据，涵盖了设计、监理、施工等各团队的决策人员信息、联系方式，以及项目进展、资金状况等核心数据。而获取这些宝贵的需求数据，每年仅需要投入数千元。

- 另一 IT 品牌则渴望获取近期有 IT 设备采购意向的中小企业名录。通过分析公开的招聘信息，品牌方能够洞察哪些企业新近成立并开始招聘，哪些企业在招募 IT 人员预示着可能的扩张计划，并依据招聘职位的职能来预测所需产品。比如，招聘数据库管理员可能意味着对存储设备的需求；而招聘 AI 工程师则可能预示着对算力的渴求。为此，品牌方还专门构建了一个数学模型，结合招聘人数、企业所属行业、IT 部门招聘职位的职能等多维度数据来精准预测客户未来的采购需求及时间节点，随后通过电话销售进行及时跟进。这种由数据驱动的策略，使品牌方每月能够筛选出上千个潜在需求，有力支撑了数百万的销售额。

第6章
数据在业务模式重构中的价值

- 第一节　阿米巴的数据化运营
- 第二节　商业地产的数据化运营
- 第三节　B2B的营销－渠道一体化运营

营销数据是品牌方数字化转型的基石，是品牌方所能收集的所有数据中最优质的，原因如下。

- 数据规模庞大：在现如今的营销领域，亿级消费者数据已屡见不鲜。
- 标准化水平高：相较于生产、物流、财务等数据，营销数据的个性化程度较低，数据治理更为简便，使用成本也相对较低。
- 数据生态更为完善：营销数据能够借助外部数据弥补自身不足，这种生态优势是其他类型数据所不具备的。
- 应用场景丰富多样：营销中的数据应用模式不断创新，未来仍蕴含着无限的探索空间。
- 消费者数据的核心地位：消费者数据是业务模式的起点，无论是产品、渠道还是定价策略，都需要以消费者数据为基石。

上一章探讨了数据如何重塑营销，本章将深入剖析营销数据如何进一步影响业务模式。

第一节 阿米巴的数据化运营

部门壁垒几乎是所有大企业的通病，不同部门因利益纠葛而导致协作受阻，资源在内部消耗中浪费，难以像中小企业那样聚焦于增长这个统一的目标，并最大化地利用资源。日本管理巨匠稻盛和夫针对这种大企业病症，提出了"阿米巴管理"理论。在传统公司的架构中，各部门仅向上级汇报并接收指令，忽视了兄弟部门间的资源整合。这种情况往往使得各部门仅关注自身任务的完成情况，而忽视公司的整体利益，最终出现各部门指标达成，但公司整体未达标的尴尬局面。

第 6 章 数据在业务模式重构中的价值

阿米巴所倡导的组织形式，是将公司整体架构拆分为多个独立的阿米巴单元，每个单元均对成本与利润负责。总部则将决策权、经营权、人事权下放至这些阿米巴单元，仅保留纪律监督、财务管理、审计及高层任命等核心权力。对于基层员工而言，通过阿米巴管理使他们更贴近一线业务，直接面对增长与成本的压力。与此同时，由于业务运营单元被细化，故横向协同成本降低，效率得以提升，这实则是一种"将大企业拆分为多个小企业独立运营"的思维方式。

然而，大企业的运营模式错综复杂，并非简单的一纸文件就能轻易拆分的。阿米巴管理的实施需要海量数据支撑，特别是在收入计算、成本核算及业务范围界定三个方面，必须制定明确的数据规则。例如，前端销售阿米巴的收入可实际计算，其成本则是通过将后端成本进行虚拟分摊；而后端运营阿米巴的成本也可实际计算，其收入则来源于前端收入的虚拟分摊。与此同时，无论前端还是后端部门，都需要在定量层面明确业务的划分范围，以避免各部门仅追求盈利而忽视应承担的职责。阿米巴管理的组织变化理念如下图所示。

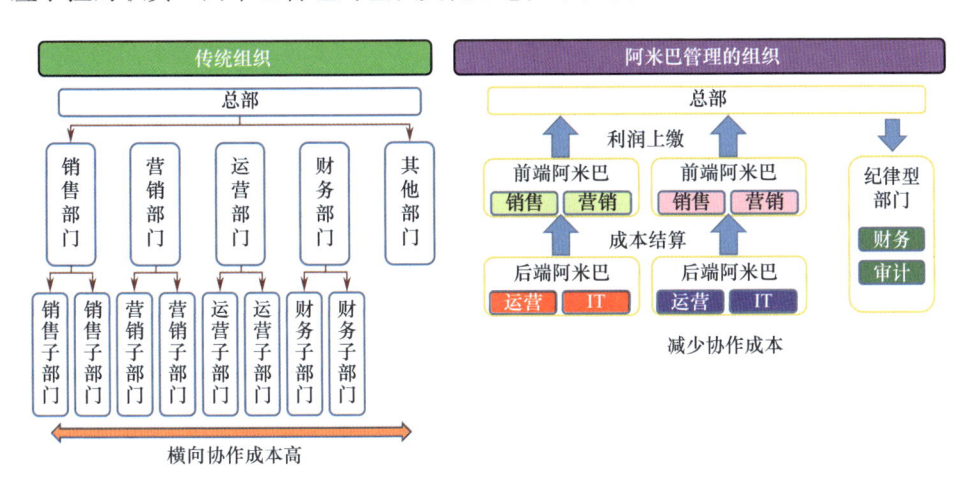

营销数据在阿米巴业务重构过程中，从策略制定到具体执行，承担着三大使命：

- 市场归属规则：为前端阿米巴的业务范畴设置明确规则，清晰界定不同细分市场的定量归属，既避免多个阿米巴在同一热门市场发生冲突，也防

- **市场份额评估**：在阿米巴的成本构成中，有一部分是营销投入与渠道成本。从总部层面来看，单纯依据前端阿米巴的收入多寡来分配预算并非全局最优策略。预算应更多投向具有更大增长空间，即市场份额具有想象空间的领域。部分阿米巴虽看似收入丰厚，但市场份额已近饱和，难以寻觅新的增长点，处于守势，增加预算并不能为品牌方带来额外增长。而另一些阿米巴虽收入有限，但市场份额较低，需要更多预算以实现市场份额的迅猛增长，处于攻势。面对阿米巴的本位主义倾向，总部需要依靠数据支持的定量评估，来优化阿米巴间的预算分配，将更多资源投向能创造更多增长价值的阿米巴。
- **客户清单落地**：除上述策略外，在执行层面还需要为前端阿米巴指明具体的进攻方向。例如，在策略层面判断出某个领域的市场份额较低后，还需要在执行层面提供具体名单，明确哪栋楼、哪个小区的何种产品要重点推进。

例如，某电信运营商同时涉足 B2C 和 B2B 业务，传统销售产品为宽带和固定电话。多年前，该运营商开始尝试销售智能手机，但遇到了挑战：以往的销售模式基于地域属性划分，因宽带和固定电话有明确的安装地址，可轻松确定由哪个销售团队跟进。然而，智能手机无须上门安装，缺乏确切地址，导致多个销售团队可能同时跟进同一消费者/客户，甚至为争夺客户而引发价格战，渠道冲突严重。借此业务转型之际，运营商开始探索阿米巴管理模式，并计划用一年的时间做好数据层面的准备。

一、B2C 阿米巴管理的数据准备

B2C 阿米巴团队的划分依据地域属性进行，每个阿米巴团队被限定在特定的地域内开展工作，任何超出此范围的业务拓展在纪律上均被严格禁止，即便产生收入也不予计算，视为无效劳动。这对地址点数据（所有地址均精确到 XX 路

XX 号）提出了极高的要求，数据挑战主要体现在以下几个方面：

- 现有地址数据的整理：历史遗留的宽带和固定电话安装地址存在诸多填写错误、道路更名等问题，要将这些地址全部标准化为 XX 路 XX 号的格式，需要投入大量的人力与时间。
- 外部地址点的补充：运营商掌握的是已安装自家设备的消费者地址，为推算市场份额，需要了解市场上的所有地址点，包括那些使用竞争对手产品或未安装宽带和固定电话的消费者地址。
- 地址点的户数统计：每个地址点可能代表一个小区或一栋居民楼。市场份额的计算以户数为基础，运营商虽知每个地址点有多少户安装了自家设备，但还需要掌握每个地址点的总户数。
- 智能手机收入的归属判定：作为阿米巴管理的初衷，智能手机收入的归属规则分为主动与被动两种。若消费者前往线下营业厅办理，则属被动业务，按营业厅地址划入相应阿米巴；而摆摊、线下发传单等由阿米巴主动策划的营销活动，不得超出规定的地理范围。如何识别并证实不符合规则的智能手机收入，需要依靠数据支持。

在数据准备阶段，运营商投入了大量资源应对上述挑战：

- 投入巨大精力，通过算法结合人工核实的方式，完成了原有地址点数据的整理工作，这是一项无捷径可走的艰巨任务。
- 与外部 GIS 地址数据供应商合作，补充了全市场所有地址点的数据。
- 通过政府渠道获取了小区/居民楼的户数数据，作为计算市场份额的分母。
- 根据上述规则建立了智能手机收入归属的算法模型，每周与所有阿米巴核对结果，并对算法进行调优，历经数月后基本获得了各方的认可。

然而，在后期执行过程中，又涌现出新的数据问题。运营商发现市场份额数据有时远低于预期，有时又超过 100%。经过大量核实，发现问题的根源在于两个方面：

- 低于预期：部分户数中无人居住，无论投入多少资源都无法带来新收入，尤其是空置率较高的小区。在引入外部的水/电/煤的缴费数据，并剔除长期无水/电/煤支出的户数后，这些小区的市场份额数据才趋于合理。
- 份额超过100%：由群租现象导致，每户安装了远超实际需求的通信产品。解决方案是将地址点数据库进一步细化至XX室，在计算过程中对一室多设备的数据进行去重，从而解决了市场份额超百的问题。

二、B2B 阿米巴管理的数据准备

对比 B2C 仅依据地理范围进行阿米巴划分，B2B 的市场细分规则显得错综复杂。在 B2B 领域，客户被细分为三大类：贡献巨大的极少数大客户，由精英销售团队专项跟进；次重要的中型客户，由其余销售团队跟进；收入相对较少的小客户，交由代理商跟进。这样的细分策略对数据提出了以下挑战：

- 大客户名单的确定：精英销售团队跟进的大客户，既包含历史贡献最大的客户，也涵盖未来潜力巨大的潜在客户。前者可通过收入数据轻易识别，而后者则需要借助外部数据进行深入挖掘与甄别。
- 集团客户的归属：大客户往往以集团形式存在，如 XX 集团可能下辖数百家子公司，要确保这些子公司均被准确归属至精英销售团队，避免因销售不专业而导致的子公司投诉，进而影响集团客户的整体收益。
- 外部客户名单的获取与分配：除运营商 CRM 系统中的自有客户外，还要挖掘正在使用竞争对手产品的潜在客户，并根据规则将其分配给相应的阿米巴进行跟进。
- 市场份额的精准计算：与 B2C 基于户数的市场份额计算不同，B2B 的市场份额需要同时考虑到客户数量与客户规模。例如，一个拥有上万员工的大型企业，其年度通信投入可能远超数千家小型企业的总和。

经过长时间的探索与实践，运营商在数据层面采取了以下措施：

- 通过整合外部公开的工商数据，运营商不仅掌握了 CRM 系统中的自有客户信息，还全面掌握了市场上的所有潜在客户，并补充了员工人数、注册资金等关键字段。
- 从两个维度精准识别大客户：一是占据自身收入 80% 以上的核心客户；二是通过外部数据补充的、拥有庞大员工人数和注册资金的潜在客户，且这些客户已经过一线人员的实地核实。
- 针对数百家大客户，结合客户官网的公示信息，以及企查查、天眼查等 B2B 企业信息网站的数据，构建详尽的客户树结构。
- 构建客户潜力评估模型，依据历史收入、员工人数、注册资金、开业年份等多维度数据，推算出每位客户的虚拟需求金额，以此作为分母，以真实历史收入作为分子，精确计算出每位客户的市场份额。

鉴于 B2B 客户数据的动态性，客户规模和地址的变动可能导致客户在不同阿米巴间的重新划分。然而，频繁的归属调整又会干扰原有的考核与预算体系。在权衡利弊后，运营商决定每半年进行一次调整，既保证了稳定性，又兼顾了变化性。

经过半年的努力，无论是 B2B 还是 B2C 的数据准备均已达到支持阿米巴运营的标准，公司便启动了业务转型，原先预设的智能手机销售、渠道冲突等问题也得以顺利解决。

第二节
商业地产的数据化运营

电商的崛起对传统线下零售业带来了前所未有的冲击。电商以其丰富的选择、便捷的购物体验，以及更具竞争力的价格优势，让实体店难以望其项背。然而，实体店所独有的即见即得的亲身体验感，却是电商无法比拟的。根据宏观经济数据显示，尽管电商历经十年的飞速发展，规模已高达 15 万亿元，但仅仅占社会消费品零售总额的 25%，这意味着消费者 75% 的消费支出仍然是在线下完成的。

本节将聚焦于线下零售的一种重要形态——商业地产。与商超、连锁店、餐饮等零售业态相比，商业地产虽然坐拥行业食物链顶端的地产资源，但在数据方面却显得相对匮乏。其能够自行收集的营销数据仅限于以下几种：

- 会员数据：这是传统的 CRM 数据，通常在消费者成为商场会员后收集。然而，相较于成为品牌方会员，让消费者成为商场会员的难度要大得多。目前，停车服务几乎是吸引消费者成为会员的唯一要素。
- 收入数据：只有在商业地产采用集中付款模式时，即消费者需要到收银台付款时，商业地产才能获取消费者的银行账号、会员号、消费金额等数据。
- 社交媒体数据：如公众号等私域社交媒体的数据。由于粉丝数量的上限较低，故这些数据量相对有限。
- 网站/APP 监测数据：这就要求商业地产具有足够大的吸引力，使消费者愿意频繁浏览其官方网站或下载其 APP。尽管万达、苏宁等在早期曾尝试自建 APP，但除苏宁本身具备电商属性外，其他商业地产 APP 的用户数据均未能达到较高水平。
- 室内位置数据：商业地产通过自建或与第三方合作的方式，在楼盘内铺设手机定位设备，以收集消费者的行为轨迹数据。然而，受技术限制，当前数据的定位精度仅能达到 5～10 米，即只能判断消费者进入了哪个店铺，而无法精确到消费者在店铺内的具体行走路线。

对于商业地产而言，仅凭自身的数据能力，连"进入商场的消费者画像"都难以准确描绘。因此，借助外部力量成为突破数据瓶颈的关键。常用的外部数据包括：

- 开放数据：如大众点评、美团等平台上公开的商铺、商场、酒店、小区等数据。
- 运营商数据：带有地理位置属性的消费者数据，包括消费者画像等。

基于这些可用的数据资源，商业地产可以实现以下三个业务场景：开业前的选址规划（商业选址）；开业过程中的招商引资和商场布局优化（店铺优化）；开业后的客流吸引与精准营销（LBS 精准营销）。

一、商业选址

对于投资规模高达上亿的商业地产项目而言，前期布局策略中的核心环节莫过于商业地产的选址。这是一项错综复杂的系统工程，需要综合考量多重因素：

- 周边人口：涵盖辐射半径内的人口总量、消费者画像等关键信息。
- 周边状况：涉及地铁覆盖、大型停车场配备、周边治安状况（如犯罪率）等。
- 经济核算：包括地价、项目投入、人力成本等一系列经济指标。
- 政府政策：如税收减免、因解决就业而获得的政府补贴等激励措施。
- 市场竞争：分析辐射半径内的现有商业生态，以及潜在竞争对手的商业楼盘情况。

在这一过程中，对周边人口的分析无疑是最为关键且最依赖数据支持的环节。前期数据的筹备工作，犹如在地图上精心堆砌各类数据宝藏，涵盖了商业地产的会员数据、运营商的人员流动与画像数据、外部获取的小区人口数据，以及通过开放渠道获取的店铺数据等。选址过程则通过以下三步来逐一实现，如下图所示。

❶ 筛选候选点：综合考虑河流、高架桥、地铁等地理因素，初步在地图上圈定几个候选区域。

❷ 人口画像分析：借助外部数据资源，深入了解候选点周边的小区数量、

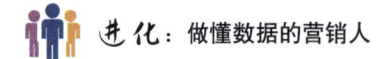

各小区户数、消费者画像及人员流动状况，诸如周边消费者的购物习惯、上班地点，以及工作日与休息日的人口分布差异等。

❸ 竞争环境评估：分析各候选点周边是否已有大型商场布局，考察其人流量、消费者画像等指标，以判断该区域的商业环境是否已趋于饱和。

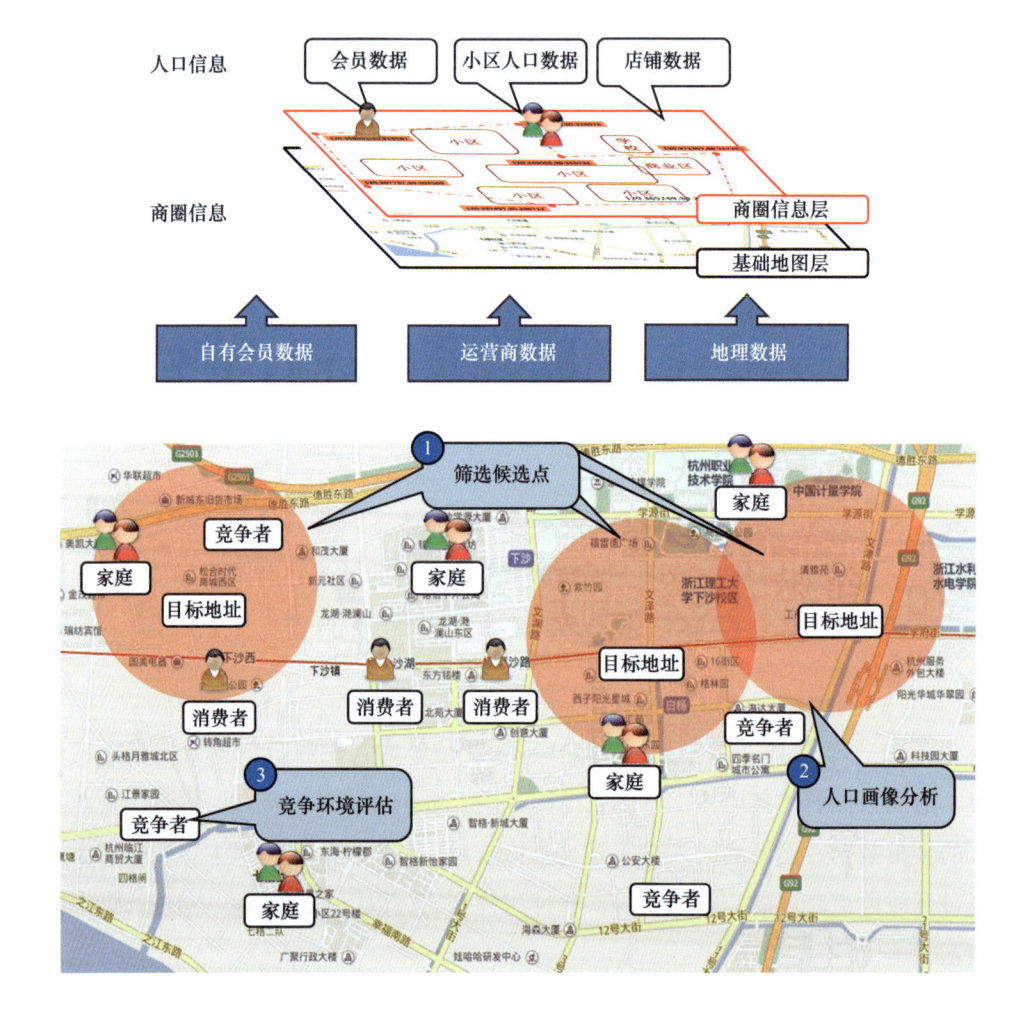

二、店铺优化

商业地产内的铺位资源有限，因此，单纯依据出价高低来决定租户并非明智之举。商业地产拥有独特的定位和目标消费群体，盲目引入店铺可能会偏离原有的定位，进而给其他商铺的招商带来难题，也让消费者感到困惑。例如，引入油烟较大的火锅店可能会让服饰店铺望而却步，而在奢侈品店铺旁设立过季打折店则可能引发消费者的质疑。

虽然商业地产依靠自身的数据分析能力能够揭示消费者的行为轨迹，包括他们从哪个门进入、访问了哪些店铺、在何处停留了多久等信息，但缺乏精确的消费者画像。通过引入外部数据，可以弥补这一不足，甚至进一步获取商场外特定位置的数据，如竞争对手商场的每日人流量和消费者画像等。在店铺优化方面，数据能够从消费者的角度出发，提供以下答案。

1. 消费者分析

通过分析进入商场的消费者，商场能够判断其是否为商场的目标消费群体；该消费者是否频繁光顾，还常去哪些其他商场；该消费者最喜爱的店铺有哪些。结合大众点评等平台上团购券的销售数据，商业地产可以甄选出那些能够吸引人流、值得主动邀请的核心店铺。

2. 动线分析

随着商场规模的日益扩大，如占地近 50 万平方米的上海环球港，消费者难以在一天内逛完所有店铺。在购物过程中，消费者的注意力和消费能力通常只能维持 2～3 小时，过多的店铺反而不利于消费者的购物体验。

传统的店铺布局通常按楼层分类（如一层为化妆品，二层为女装等），这种布局的优点在于消费者能够根据自己的购物需求迅速定位到目标楼层，但缺点在于消费者需要花费大量的时间在不同的楼层间穿梭。新的店铺布局思路则基于消费者画像，将同一画像的消费者喜爱的店铺集中布置在相近位置。例如，某些大型商场在进门后设有长自动扶梯，直接将消费者送往具有高消费能力的母婴人群楼层，那里集中了儿童服饰、餐饮、美容美发等店铺。

若要实现按画像布局店铺的目标，则需要用数据来解答进入商场的消费者有哪些画像，他们各自偏爱哪些店铺，以及不同店铺间的动线是否合理等问题。商

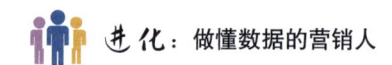

场通过室内定位设备可以收集消费者的动线数据（行走路线），了解不同画像的消费者去过哪些地方、停留了多久，并找出不同店铺之间的关联。例如，在某次分析中，如果发现服装品牌 GAP 和餐饮品牌真功夫的消费者画像相似且动线一致，那么在妥善解决餐饮行业的油烟等问题后，可以将这两个店铺相邻布置。由数据驱动的店铺优化流程如下图所示。

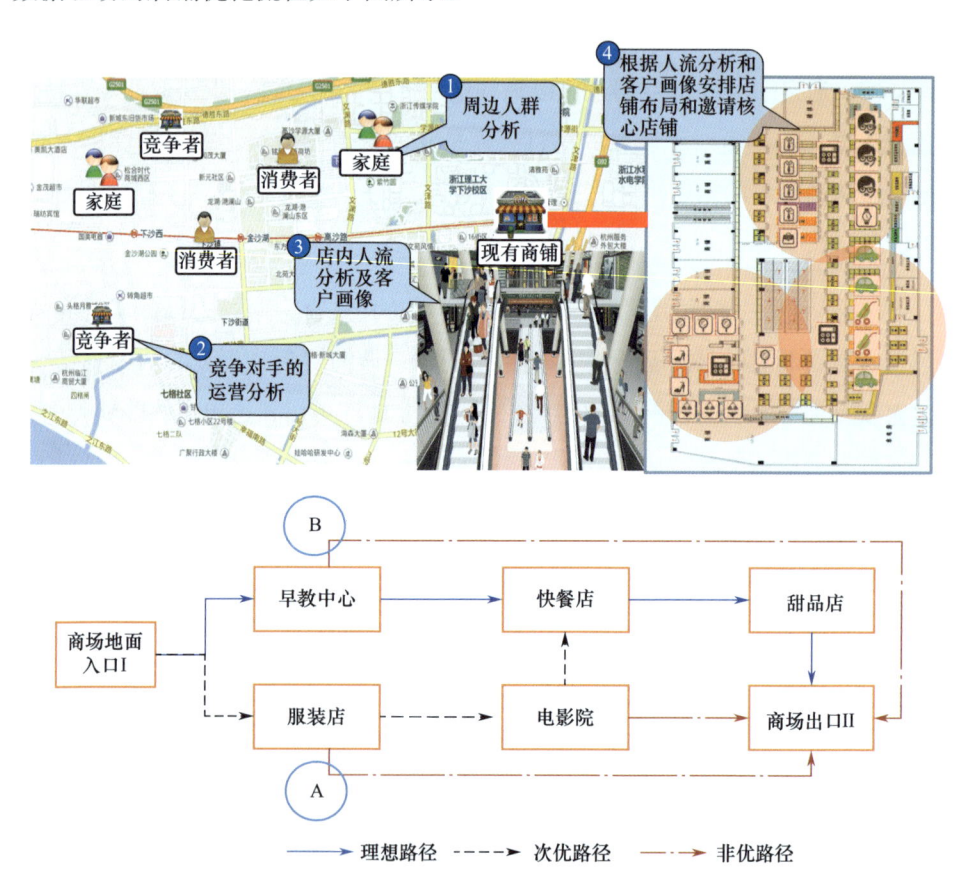

三、LBS 精准营销

由于在商业地产掌握的消费者数据中缺失手机号、设备号、Cookie 等数字营销领域常用的消费者标识符，因此，由商业地产举办的精准营销活动大多需要借助平台方的力量来实现。例如，商业地产在识别到刚进入商场的消费者的 MAC 地址后，会将该数据上传至平台方以获取消费者画像，随后便能在数秒内向其发送定制化的短信，内容包括优惠券或某店铺的促销信息等。近年来，随着直播电商的蓬勃发展，商业地产领域也涌现出了新的数据应用场景：通过与平台方进行数据交互，在抖音等社交媒体平台上借助直播带货的方式触达目标消费者，并通过团购券的形式为线下商场引流。

第三节
B2B 的营销 – 渠道一体化运营

很多 B2B 品牌方采用的是代理商分销的销售模式，其中，少数资金雄厚的大代理商（亦称总代）会根据现金流的状况及对市场需求的预测，每季度集中资金进行订货，以确保品牌方能够兑现低价承诺。众多小代理商则身处一线，直接与客户打交道，并建立了深厚的客户关系，他们根据客户需求进行商品销售和提供售后服务。由于小代理商的资金有限，无法直接从品牌方处获取商品，当客户明确需求后，他们只能从大代理商处取货。

在此模式下，大代理商通过资金周转和对市场的预判来获取资金红利，而小代理商则通过商品服务和售后工作赚取劳动红利。然而，从品牌方的角度来看，这种模式存在以下弊端：

- 品牌方对渠道的控制主要依赖于价格，订货量越大价格越低，缺乏其他有效手段来约束大代理商。
- 品牌方与小代理商/客户之间缺乏直接联系，难以准确把握一线需求。
- 大代理商与小代理商之间形成了多对多的关系，导致小代理商可能基于同一客户需求向多个大代理商询价和订货，从而干扰了品牌方对市场真实需求的判断。

- 小代理商受到规模限制，缺乏业务拓展能力，客户数量有限。而客户往往会同时接触多个小代理商以寻求最低价，这就迫使小代理商只能以低价迎合客户，不利于品牌方的价格管理。

为了应对这些问题，某品牌方创新性地设计了营销-渠道一体化运营模式，其核心在于利用营销资源推动渠道模式的优化，具体设计思路如下：

- 品牌方建立客户数据库，直接走向前台与客户接触，利用手中的营销资源挖掘潜在商机（即销售线索）。
- 品牌方收集小代理商数据，大幅扩大小代理商队伍。在合作模式中，与小代理商达成以商机换压货的协议，即当小代理商有 10 万元的商品压货时，品牌方的市场部将按照 1:3 的比例提供预期销售额为 30 万元的新商机，助力小代理商开拓未来商机，形成"压货—销货—新商机—再压货—再销售—新商机"的良性循环。此处所指的压货，是指客户的需求和预算已明确，但在收货前无法向小代理商支付全款，小代理商需要自行垫资从大代理商处取货的情况，从品牌方的角度看，压货即代表商品已销售。
- 大代理商从品牌方获取所负责区域的商机跟进情况，扮演资金平台的角色，并对项目的真实性有一定了解，从而避免多个小代理商对同一需求重复压货所带来的退货风险。
- 从客户角度看，商机是提交给品牌方的，由品牌方指定的小代理商跟进，商品质量和售后服务有保障。

在这一模式下，品牌方增强了对渠道和客户的掌控力；大代理商提升了对市场的判断力，减少了管理负担，只需要专注资金管理；小代理商获得了市场拓展的能力；客户则得到了品牌方的保障，避免了假货和售后问题等风险。这一模式实现了多方共赢。然而，若要成功运行这一模式，需要在数据层面解决两个关键问题：一是如何一次性获取大量小代理商数据；二是如何确保商机挖掘，以形成正循环，并持续为这一模式提供充足的商机数据。传统渠道模式和由数据驱动的渠道模式对比如下图所示。

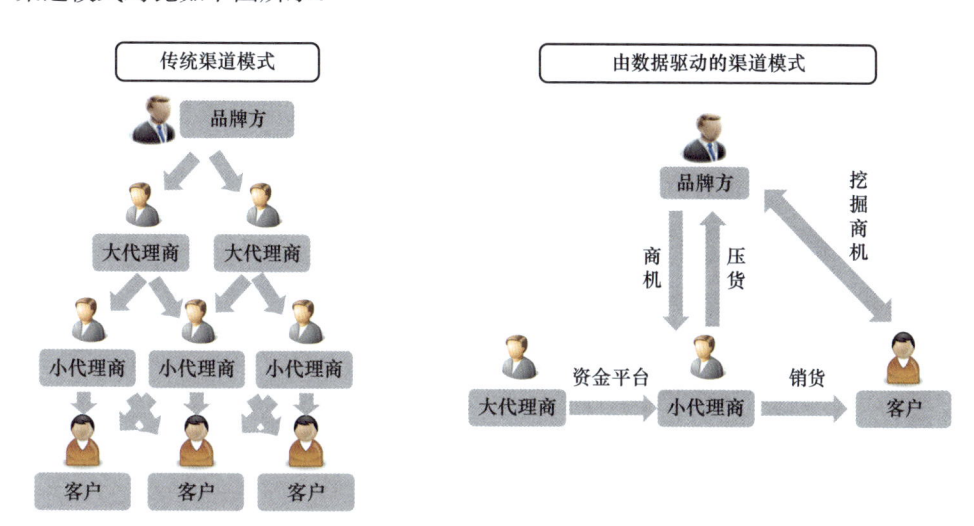

整个模式的营销与数据设计涵盖了以下几个核心步骤，如下图所示。

❶ 品牌方从第三方大量收集小代理商和客户的数据，据此建立起渠道和客户两大数据库。

❷ 品牌方通过电话模式积极拓展小代理商队伍。

❸ 品牌方运用客户数据进行精准广告投放，吸引客户访问官网（面向客户），客户可在官网上提交商机需求，随后由品牌方的呼叫中心进行电话核实。由此渠道贡献的商机占总量的 10%。

❹ 品牌方的呼叫中心从客户数据库中筛选数据，主动外呼询问客户需求，由此方式获取的商机占总量的 90%。

❺ 将汇总的商机发布至官网（面向代理商），小代理商根据压货金额换取积分，用以在官网上兑换商机。

❻ 品牌方在一周内与客户确认小代理商的跟进服务质量，若跟进不力，则该商机将重回商机池，并分配给下一个小代理商。

进化：做懂数据的营销人

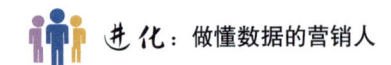

❼ 大代理商通过官网（面向代理商）查看各小代理商的商机跟进情况，据此决定是否提供资金支持。

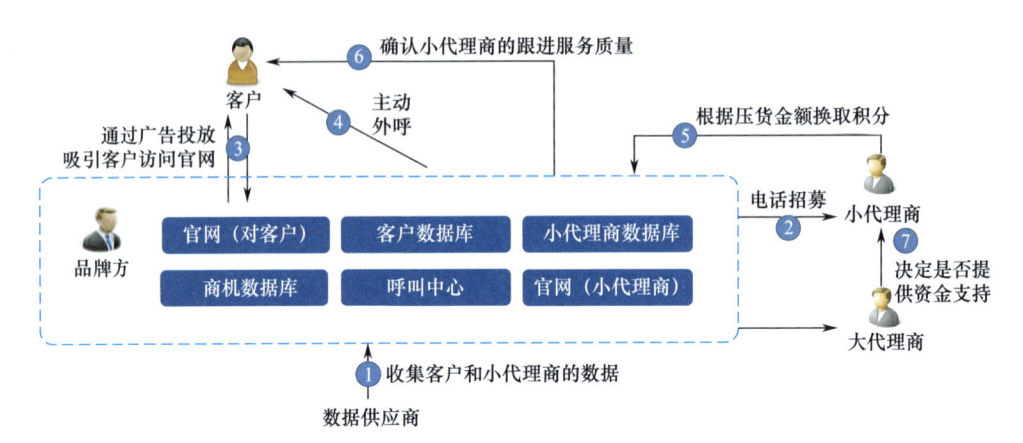

该模式启动半年后，依托约十万条客户数据和不足百名的电话销售团队，品牌方每季度为渠道贡献了 5000～10000 条商机，直接驱动了超过 5000 万元的销售业绩。

第 7 章
数据合规：必须遵循的行业红线

- 第一节 数据合规的相关法律法规
- 第二节 营销数据合规的六大原则
- 第三节 营销数据的合规风险点
- 第四节 数据合规的未来

和对数据行业内不太熟悉的从事营销的朋友聊天，以下是双方的对话。

朋友：你是做什么的？

笔者：数字营销。

朋友：数字营销是什么？

笔者：嗯，就是用数据来助力实现更精准的营销，比如……

朋友：（打断）哦，我听懂了，就是卖数据呗！那隔壁小区的业主数据你能搞到吗？

笔者：……

在过去十年间，上述对话在笔者身上频繁上演，甚至很多营销人员对营销数据存有着深深的误解。每当谈及数据，对方脸上总会浮现出一种莫名的微笑，那潜台词似乎在说："哦，你干的是'桌面'下的脏活。"对此，笔者既理解又颇觉无奈。在未能充分理解数据合规的逻辑时，普通消费者往往会将营销数据与数据黑产混为一谈，认为自己的相关数据被用于营销是对个人隐私的侵犯，令人不悦且充满风险。

在本书的前几章中，笔者已探讨了数据所能发挥的作用，而在此章，笔者希望从专业的角度出发，探讨数据不能做什么，即聊聊数据合规的问题，明确营销数据使用的红线所在。

需要强调的是，笔者并非专业的研究数据合规的法律工作者，对于法律法规的理解有限。本章旨在科普数据合规的基本原则，表达一些尚不成熟的观点，并分享一些行业案例，以期帮助营销人员构建起对数据合规的基本认知，从而在日常工作中能够做出基本的是非判断。

在深入剖析数据合规之前，先来探讨一个有趣的话题：众人都认为保护消费者数据隐私是理所当然的，那么，数据隐私的反义词又是什么呢？答案似乎是同样看似正确的"数字经济"。那全球对数据合规管理的态度如何呢？

- 欧洲：作为全球对数据合规管理最为严格的地区，早在 1995 年就制定了《计算机数据保护法》，并在 2018 年推出了全球标志性的《通用数据保护

第 7 章 数据合规：必须遵循的行业红线

条例》。在欧洲，许多在国内习以为常的数字经济模式都因数据合规问题而被禁止，例如，在路边安装摄像头和行车记录仪，就因其能记录人脸隐私数据而被视为违法。

- 美国：对数据合规的管理相对宽松，仅存在州级别的法律，例如，加州在 2020 年实施的《加州消费者隐私法》。至今，许多数据交易仍属合法。
- 我国：对数据合规的把控介于欧洲和美国之间，2021 年出台的《中华人民共和国个人信息保护法》（以下简称《个人信息保护法》），标志着我国个人信息保护立法体系进入新的阶段。

综上所述，三个地区对数据合规的严格程度依次为：欧洲＞我国＞美国。换个视角，再来看看这三个地区的数字经济。以互联网巨头为例，在年收入超过百亿美元的"俱乐部"中，美国有 Facebook（Meta）、Google、Amazon 等，我国有阿里、腾讯、抖音集团、百度、美团、拼多多等，而欧洲，笔者查阅了大量资料，却未能找到一家。为何数据合规最为严格的欧洲无法孕育出互联网巨头呢？几年前，笔者曾参与过一个全球数字营销项目，从实现同一场景所需的数据成本来看，若美国的数据成本为 1，中国则大约为 10，而欧洲则超过 100，其中对数据合规最为严格的德国，数据成本更是超过了 1000。对数据隐私的极致保护，其副作用便是推高了数据使用的成本。因此，在掀起全球数字化浪潮的十年后，从数字经济的体量来看，美国＞我国＞欧洲，与数据合规的严格程度的排名正好相反。

总结一下，数据合规并非一个简单的是或否的定性问题，而是需要精准把握尺度的定量问题。在天平的两端，分别承载着同样重要的数据合规与数字经济，每个国家对于天平的倾斜角度都有着自己的考量。在我国，行业主导的方向始终是"既要又要"：既要保护个人隐私，又要促进数字经济的发展。我们参照欧洲制定了法律法规，在现实世界中，大量数据合规案例的存在，使得那些敢于触碰红线的企业和个人受到了处罚甚至入刑，纸面上的法律法规得以真正落地，对行业形成了有效的威慑。与此同时，营销数据的使用也在逐年细化规范，在合规的前提下，不断探索数据使用的边界，以推动营销模式的迭代。

第一节 数据合规的相关法律法规

截至 2023 年底，国内涉及数据合规的法律法规涵盖：《个人信息保护法》《网络安全法》《数据安全法》《数据出境安全评估办法》《信息安全技术个人信息安全规范》等。依据这些法律法规的重要程度不同，被划分为以下 4 个层级。

一、《刑法》

虽然《中华人民共和国刑法》（以下简称《刑法》）未直接列入上述数据合规的法律法规之中，但《刑法》却是营销数据必须恪守的最高准则，即数据的使用绝不可触犯各类刑事案件，形成"涉案"情况，这是明确区分营销数据与数据黑产的界限。数据本身并无善恶之分，然而，数据掌握者却有可能在营销目的之外，探寻到利用数据行不轨之事的途径。例如，在数年前，有个别营销从业者会将其所在企业的电商数据非法提供给诈骗团伙，诈骗团伙则利用这些数据，对刚购买商品的消费者实施电话诈骗。他们能准确说出受害者的姓名、所购商品及具体金额，极具欺骗性。在谎称"你购买的商品存在瑕疵需要退货，请提供银行账号及联系方式"后，诱导受害者进行一系列的操作，最终窃取受害者的银行存款，造成巨额损失。近年来，随着行业对此类涉案套路的警觉，各大电商平台已对电商数据进行了脱敏处理，即便是实际销售和邮寄商品的品牌方，也无法获取完整的真实数据，从根源上切断了这种数据涉案的可能。

在营销体系中，任何拥有数据的角色，首要之务便是遵守《刑法》，确保数据未被用于任何为非作歹的涉案行为，这既包括企业的整体行为，也涵盖员工的个人行为。即便企业对员工利用企业数据进行涉案行为毫不知情，也同样需要承担相应的法律责任。

二、《个人信息保护法》《网络安全法》《数据安全法》《数据出境安全评估办法》

自 2017 年起，我国相继颁布实施的数据合规法律，广泛涵盖了包括营销在内的众多数据应用场景。

- 《中华人民共和国网络安全法》（简称《网络安全法》）：于 2017 年正式施行，作为我国首部数据合规法律，旨在确保互联网的网络安全。其中，与营销最为紧密相关的是第四部分"网络信息安全"，该部分明确阐述了个人隐私保护、禁止数据交易、数据许可等核心的数据合规原则，并规定，违反《网络安全法》，以非法手段获取、出售或向他人提供数据的，将面临所得收入 1～10 倍的罚款，最高可达 100 万元。

- 《中华人民共和国数据安全法》（简称《数据安全法》）：于 2021 年实施，旨在规范数据处理活动、保障数据安全及保护个人数据隐私。与营销最为相关的是第四章"数据安全保护义务"，该章详细规定了数据拥有者应承担的数据安全责任，以及第六章"法律责任"，明确了对触犯数据安全红线行为的严厉处罚措施。

- 《中华人民共和国个人信息保护法》（简称《个人信息保护法》）：同样于 2021 年实施，与个人隐私保护的关系最为密切，其中的每一条款都与营销人员息息相关。相较于前两部法律，《个人信息保护法》进一步细化了个人隐私保护的实操要求，提出了最小化使用原则、数据存储规范、数据出境管理等在实际操作中至关重要的数据合规新原则。此外，《个人信息保护法》还设定了数据合规的最高罚款额度：5000 万元，这一金额相较于前两部法律有了显著提升。

- 《数据出境安全评估办法》：该办法由国家互联网信息办公室于 2022 年发布并实施。作为部门规章，该办法对前述三部法律中涉及数据出境的相关条款进行了详细补充和细化，明确了数据出境的监管部门、报批流程、数量限制等具体操作细节。

三、《信息安全技术 个人信息安全规范》

该规范也被称为 GB/T 35273，并非针对数据合规的法律法规，而是自 2020 年起实施的一项行业标准，由行业各方代表共同参与制定，旨在规范数据应用中的实际问题。如果说前文提及的法律法规主要解决的是"什么不可以做、违规谁管、如何罚"的问题，那么该规范则聚焦于"如何沟通、如何操作"：

- 明确了数据合规领域的相关术语，统一了行业交流的语境。
- 提供了特定场景下的应用模板，如个人信息保护政策的声明模板，该模板已被国内众多平台方广泛应用于其个人隐私声明中。

四、《通用数据保护条例》

《通用数据保护条例》（简称 GDPR）由欧盟制定，自 2018 年起正式生效，旨在保护欧盟公民的隐私。尽管 GDPR 并非我国的法律法规，但其被频繁提及的原因有三：

- 它作为全球首部数据合规法律，为全球数据合规树立了典范，各国相关法律法规的基本原则均源自 GDPR。
- GDPR 设定了全球数据合规领域最高的处罚标准：罚款金额可达 2000 万欧元或前一财政年全球营业额的 4%（以较高者为准）。这就意味着，一旦企业在数据处理过程中违规，不仅违规的个人、部门或公司会受到处罚，整个企业的全球集团总部也可能被追责，最高面临全球收入 4% 的罚款。对于众多世界 500 强企业而言，这无疑是一个巨大的数字。笔者查阅的资料显示，在 GDPR 实施后的前两年，欧盟仅因这一条例而开出了高达 35 亿欧元的罚单，其中不乏因泄露旅客信息被罚 2 亿欧元的欧洲航空企业、因住客数据泄露被罚 1.24 亿欧元的酒店集团，以及因数据处理不合规被罚 5000 万美元的互联网巨头。
- 全球追责特性：GDPR 的初衷是保护欧盟公民的隐私，但这一保护范围并不局限于欧洲境内。无论是欧盟公民在中国遭遇数据隐私侵犯，还是中国企业在非欧洲国家侵犯欧盟公民的数据隐私，都可能受到 GDPR 的追责。由于任何数据拥有者都无法确保其数据中完全不含欧盟公民信息，因此，理论上 GDPR 的影响力远超欧洲，即使未在欧洲开展业务的国内企业也可能面临触犯 GDPR 的风险。

第二节 营销数据合规的六大原则

营销人员很难全面掌握数据合规的法律法规，深入理解每一条规则是法律专业人士的职责。为此，笔者从营销的角度出发，提炼出与营销紧密相关的部分规则，旨在帮助营销人员简化理解并遵循几个核心原则。

一、数据许可原则

无论处于何种行业角色，在收集消费者数据时，必须首先获得消费者的明确许可，并清晰告知消费者数据采集的目的、方式、规则及使用场景。在实际应用中，必须严格遵循上述告知范围，不得越界。简而言之，这一原则包含三层含义。

- 明确告知消费者"我将收集您的数据"：这通常通过个人隐私声明来实现。例如，当消费者访问网站或 APP 时，在首页底部会设有个人隐私声明的链接，点击后可查看数据采集的相关告知内容。又如，在线下实体店中，摄像头下方需要标注"图像采集中"等提示信息。
- 详细说明"我将收集哪些数据，以及用途为何"：在告知内容中，应如实、清晰地阐述数据采集的目的和具体数据类型。具体模板可参考前文提及的《信息安全技术 个人信息安全规范》中的模板。

ICS 35.040
L 80

中华人民共和国国家标准

GB/T 35273—2020
代替 GB/T 35273—2017

信息安全技术　个人信息安全规范

Information security technology — Personal information security specification

2020-03-06 发布　　　　　　　　　　2020-10-01 实施

国家市场监督管理总局
国家标准化管理委员会　　发布

表C.1　交互式功能界面模板

功能界面模板	说明
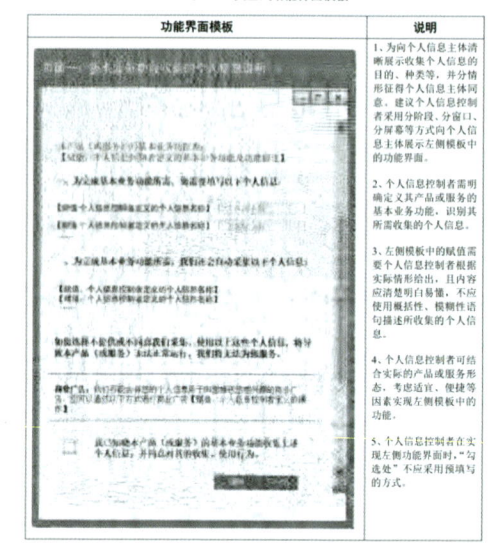 (界面示例图)	1、为向个人信息主体清晰展示收集个人信息的目的、种类等，并分情形征得个人信息主体同意，建议个人信息控制者采用分阶段、分窗口、分屏等方式向个人信息主体展示左侧模板中的功能界面。 2、个人信息控制者需明确定义其产品或服务的基本业务功能，识别其所需收集的个人信息。 3、左侧模板中的赋值部分需要个人信息控制者根据实际情形给出，且内容应清楚明白易懂，不应使用概括性、模糊性语句描述所收集的个人信息。 4、个人信息控制者可结合实际的产品或服务形态、考虑适宜、便捷等因素实现左侧模板中的功能。 5、个人信息控制者在实现左侧功能界面时，"勾选处"不应采用预填与的方式。

附　录　D
（资料性附录）
个人信息保护政策模板

发布个人信息保护政策是个人信息控制者遵循公开透明原则的重要体现，是保证个人信息主体知情权的重要手段，还是约束自身行为和配合监督管理的重要机制。个人信息保护政策应清晰、准确、完整地描述个人信息控制者的个人信息处理行为。个人信息保护政策模板示例见表D.1。

表D.1　个人信息保护政策模板

个人信息保护政策模版	编写要求
本政策仅适用于XXXX的XXXX产品或服务，包括……。 最近更新日期：XXXX年XX月。 如果您有任何疑问、意见或建议，请通过以下联系方式与我们联系： 电子邮件： 电　话： 传　真：	该部分为适用范围。包含个人信息保护政策所适用的产品或服务范围、所适用的个人信息主体类型、生效及更新时间等。
本政策将帮助您了解以下内容： ■ 业务功能一的个人信息收集使用规则 ■ 业务功能二的个人信息收集使用规则 ■ 我们如何保护您的个人信息 ■ 您的权利 ■ 我们如何处理儿童的个人信息 ■ 您的个人信息如何在全球范围转移 ■ 本政策如何更新 ■ 如何联系我们 XXXX深知个人信息对您的重要性，并会尽全力保护您的个人信息安全可靠。我们致力于维持您对我们的信任，恪守以下原则，保护您的个人信息：权责一致原则、目的明确原则、选择同意原则、最小必要原则、确保安全原则、主体参与原则、公开透明原则等。同时，XXXX承诺，我们将按业界成熟的安全标准，采取相应的安全保护措施来保护您的个人信息。 请在使用我们的产品或服务前，仔细阅读并了解本《个人信息保护政策》。	该部分为个人信息保护政策的重点说明，是使个人信息保护政策的一个要点摘录。目的是使个人信息主体快速了解个人信息保护政策的主要组成部分、个人信息控制者所做声明的核心要旨。

- 确保实际使用与告知内容一致：在收集消费者数据并进行日常使用时，必须确保实际操作与采集数据时的告知内容一致，避免出现"言行不一"的情况。

二、数据所有权原则

任何行业角色在获取消费者数据后，数据的所有权依然归属于消费者个人，而非数据物理上的持有者。笔者常常遇到一些数据持有者声称"我们掌握了多少消费者数据"，但从数据合规的角度来看，这种说法并不准确。正确的表述应为"我们获得了多少消费者的数据使用授权"。对数据所有权进行细致界定，意味着数据产生者——消费者，拥有以下 5 项权利：

- 遗忘权：消费者有权要求数据持有者删除、禁止传播、禁止处理或追回已流转的数据。例如，某消费者作为品牌 A 的会员，在入会时提供了个人信息。该消费者可随时联系品牌 A，要求其从数据库中彻底删除自己的所有数据。
- 访问权：消费者有权访问数据持有者所掌握的关于自己的数据。例如，某消费者频繁使用某 APP，并授权其收集数据。APP 基于消费者的行为数据，结合算法推测出消费者的收入、性别、年龄等众多属性标签。消费者有权要求 APP 提供所有这些标签，以了解 APP 如何对自己进行标记。
- 纠正权：消费者有权要求数据持有者修正自己的数据。例如，某男性消费者在使用某电商平台时，频繁收到女性用品的推送。他有权联系电商平台，要求将其性别属性更正为"男"，以减少女性用品的广告推送。
- 限制处理 / 反对权：消费者有权限制数据持有者在特定应用场景下对自己数据的使用。例如，某消费者是某实体店的会员，他允许实体店在结算时查阅自己的历史购买总额以获取折扣，但禁止实体店在广告推送场景下访问自己的数据，即禁止实体店对自己进行精准广告推送。
- 携带权：消费者有权从数据持有者处获取并带走自己的数据。例如，某消

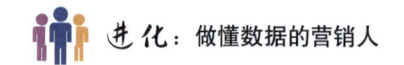

费者可联系电商平台，要求以电子邮件或U盘形式获取自己过去几年的购物数据。

三、最小使用原则

任何角色在收集数据时，均不得过度收集与"个人隐私声明"所述目的不符的数据。

- 收集不必要的数据类型：例如，电商平台声称为了优化购物体验、推荐更精准的商品而收集数据，但实际上却收集了与这些目的关系不大的地理位置数据。
- 过高的数据收集频率：例如，外卖平台声称为了推荐最近的实体店而收集地理位置数据。实现这一功能只需在消费者点击"最近的实体店"按钮时收集一次位置数据，但实际上却以每秒一次的频率进行收集，远超实际需求。

四、数据匿名化原则

数据收集后必须经过脱敏处理，以确保数据产生者——消费者无法被识别，并且脱敏算法应不可逆，未脱敏的原始数据不得用于营销目的。例如，某消费者使用手机访问某网站时，技术上可以收集其浏览内容、精确到米的地理位置、手机型号等数据，但数据的存储和使用应匿名化为更粗略的群体兴趣属性（如根据浏览内容判断为运动爱好者）、所在城市（从精确到米的地理位置转化为城市级别）、终端偏好（从具体手机型号转化为高端手机类别）。数据匿名化的示例如下图所示。

五、敏感数据原则

凡是涉及消费者健康、财产状况、生物识别等方面的敏感数据，在营销场景下不得被采集或通过算法进行猜测。以美国为例，胰岛素作为针对糖尿病的重要

第7章 数据合规：必须遵循的行业红线

医药营销产品，每年投入的营销费用高达数亿美元，品牌方在营销过程中有多种手段可以采集和利用糖尿病患者的数据。然而，在国内，糖尿病患者的数据被视为个人健康生理信息的敏感数据，严禁用于营销目的。部分不可以被营销使用的敏感数据如下表所示。

收集到的原始数据

Device ID	3rqnfna9uwn009
访问时间	2023-7-1
访问URL	Sport.com.cn
停留时长	35秒
访问IP	9.181.1.1
经纬度	41.13435, 32.32142
访问终端	iPhone 15 Pro
访问系统	iOS 16

匿名化 →

脱敏后的数据

Device ID	123J21L32J31 (md5加密)
运动人群	Y
所在城市	上海
终端偏好	高端手机

间接标签

无法对数据主体进行追溯

数据类型	说明
个人财产数据	银行账号、鉴别信息（口令）、存款信息、房产信息、信贷记录、征信信息、交易和消费记录、流水记录等，以及虚拟货币、虚拟交易、游戏类兑换码等虚拟财产信息
个人健康生理数据	个人因生病医治等产生的相关记录，如病症、住院记录、检验报告、手术及麻醉记录、护理记录、用药记录、药物/食物过敏信息、生育信息、既往病史、诊治情况、家族病史、现病史、传染病史等，以及与个人身体健康状况等相关的信息
个人生物识别数据	个人基因、指纹、声纹、掌纹、耳廓、虹膜、面部识别特征等信息
个人身份数据	身份证、军官证、护照、驾驶证、工作证、社保卡、居住证等各类证件信息
网络身份标识数据	系统账号、邮箱地址，以及与前述有关的密码、口令、口令保护答案、用户个人数字证书等信息
其他数据	个人电话号码、性取向、婚史、宗教信仰、未公开的违法犯罪记录、通信记录和内容、行踪轨迹、网页浏览记录、住宿信息、精准定位信息等

六、数据跨境原则

国内的多项数据合规法律均对数据的出境管控作出了明确规定，所有在国内产生的数据均需在境内进行存储，不得涉外传输。若确实需要向境外提供数据，

167

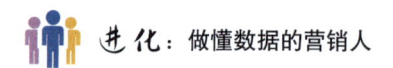

则必须事先获得相关部门的安全评估与许可，具体操作细节可参阅《数据出境安全评估办法》中的详尽阐述。

第三节 营销数据的合规风险点

在读懂以上基本原则后，下面列举几个营销人员在日常工作中可能遇到的风险点，以及行业中真实发生的案例。

一、供应商的数据许可

对于大部分品牌方而言，它们并不具备构建庞大且完整数据能力所需的资源，因此会选择借助具备数据能力的外部供应商，通过技术或工具等手段来提升自身的数据能力。然而，这一过程伴随着数据合规的最大风险点是供应商的数据许可问题，即供应商所采集和使用的数据是否已事先获得消费者的许可。具体包含以下两个风险点：

- 风险点1：不同数据使用模式带来的风险。数据的使用模式多种多样，供应商可能利用同一套数据以多种不同形式同时服务于多个品牌方。尽管品牌方A与供应商之间的合作模式可能完全合规，但无法保证供应商为其他品牌方提供的服务也同样合规。一旦任何一种数据使用模式出现合规问题，都将波及所有品牌方。

- 风险点2：数据留存的风险。当品牌方使用供应商的技术、工具或数据时，往往难以避免地将自己的数据留存在供应商的系统中。对于供应商如何使用和处理这些数据，品牌方在IT层面很难从源头上进行把控。例如，品牌方A选择网站分析供应商B在其官方网站上埋点，以采集浏览官网的消费

第 7 章 数据合规：必须遵循的行业红线

者数据。这份数据在技术上能够被 A 和 B 同时掌握。品牌方不仅需要担忧供应商对企业数据的利用行为，还需要警惕供应商员工的个人行为。

因此，对品牌方来说，选择一个合规的供应商是一项极具专业性的任务。下面分享两个反面案例，更多案例细节可在互联网上查阅。

1. 案例 1

2018 年底，笔者在半年内被三个较大的品牌方询问了同一个供应商 A 的相关情况。该供应商声称拥有中国最大的简历数据库，覆盖超过 2 亿人，并包含手机号、邮箱、微信、QQ 号等超 10 亿个联系方式，数据来源于其自身的互联网招聘产品，如下图所示。从背景来看，这个供应商似乎无可挑剔：成立 4 年，主要创始人来自世界 500 强和国内头部互联网企业，2017 年已为上百个大型品牌方提供服务，年收入超过 4 亿元人民币，融资至 B 轮，且主要投资者均为行业著名的风险投资机构。

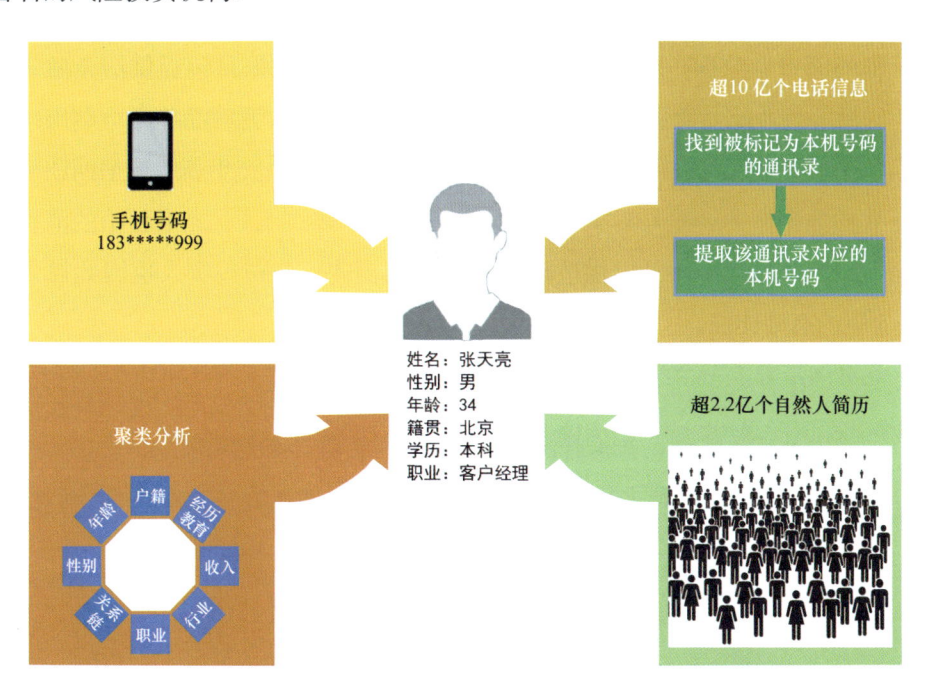

供应商 A 为品牌方提供的数据使用模式是将消费者在简历上注明的年龄、性别、行业、职业、收入、教育经历、工作经历等数据用于精准营销，每条数据收费 0.5～2 元。对于品牌方而言，相较于日常通过消费者行为和算法猜测消费者属性，供应商 A 提供的简历数据更为真实，且价格也在可接受范围内。然而，品牌方的疑虑在于，使用简历数据进行营销是否合规（请大家先思考几秒，再回顾前文提及的 6 个数据合规原则）。

笔者当时的回答是不合规，因为供应商 A 在获得数据后的使用场景并未征得消费者的许可。消费者将数据提供给供应商 A 是为了找工作，而非用于数据交易。2019 年初，警方查封了供应商 A 并带走了所有员工，供应商 A 从此在行业中消失，而之前接受其服务的品牌方和投资人也都在第一时间撇清了关系。

2. 案例 2

国内最早的数据合规案件发生在 2012 年，涉及某外资供应商 B 的非法数据买卖行为。供应商 B 虽参照了国外模式，却通过灰色渠道购买了车主、房主等高价值的消费者数据，并结合呼叫中心服务，将这些数据打包提供给金融、汽车、红酒等行业的品牌方使用。每条数据按字段收取 0.3 元，品牌方可利用这些数据和呼叫中心系统进行电话推销。在推销过程中，又会产生新的数据回馈至供应商 B 的数据库中。截至案发时，供应商 B 已累积超过 1.5 亿条高价值的消费者数据。此案的最终结果是，供应商 B 被处罚至倒闭，公司负责人也因此被判处 3～5 年的有期徒刑。

此案例带来了三个深刻教训：

- 将国外的先进模式直接引入国内，并不一定符合合规要求。
- 许多营销人员曾持有的"购买车主、房主数据进行高端产品推销"的观念，以此案为转折点，明确涉及此类行为的公司及负责人都将面临刑事责任。
- 在未经消费者许可的情况下，消费者数据的买卖双方均涉嫌违法。

那么，如何有效甄别合规的供应商呢？笔者建议，普通营销人员可从以下几个方面着手：

第 7 章　数据合规：必须遵循的行业红线

- 根据前文提及的 6 个原则，检查供应商数据的采集和使用是否合规，并咨询已使用该供应商的同行，验证供应商的言行是否一致。
- 要求供应商提供采集数据时的个人隐私声明样本，这是合规供应商应具备的基本能力。
- 聘请法律专家进行专业甄别，但是此领域专家在国内较为稀缺且成本较高。
- 在中国裁判文书网上查询供应商是否有过数据合规相关的判决记录，以及同行业内类似数据使用模式的判决情况。

除以上甄别手段外，还要关注供应商在数据合规领域所获得的行业认证，包括：

- 认证 1：《信息安全技术网络 安全等级保护基本要求》（简称等保 2.0）。这是由公安部于 2018 年牵头实施的数据合规认证，涵盖技术和管理要求两大部分，共 8 项具体要求，并根据数据类型及可能造成的危害程度划分为 4 个等级。在营销领域，"等保 2.0 三级"被视为供应商的基本门槛，需要供应商投入大量资源、精力和时间，以确保其信息安全管理体系达到国家规定的标准，从而有效筛选掉众多无力关注数据合规的小型供应商。
- 认证 2：ISO27001，即信息安全管理。该标准由英国标准协会（BSI）于 1999 年确立，涉及系统和管理层面的信息安全管理认证，广受外资企业认可。
- 认证 3：ISAE3402。这是由国际审计与鉴证准则理事会颁布的"服务机构控制的鉴证报告"，旨在审核企业在业务处理管理、数据信息技术管理，以及用户隐私管理等方面的能力。

二、数据出境

有很多大型国际化企业会选择在全球范围内采购同一套营销技术软件，如

Adobe、Salesforce、Oracle 等，以供全球各国使用。这种做法旨在确保执行的一致性，并降低软件使用成本。然而，对于国内的营销人员而言，这一举措却潜藏着一个风险：这些软件背后的数据究竟存储在哪个国家？根据我国法律法规的要求，这些数据必须在国内进行存储和处理。对于营销人员来说，这一风险点相对容易处理，只需直接向软件提供方询问并提出相应要求即可。近年来，国外几个著名的营销技术工具都已在国内的微软云 Azure、阿里云等平台上实现了部署，因此，在营销场景下的相关风险已相对可控。

三、数据交互

在数字营销的执行过程中，多方之间的数据交互是不可避免的（即角色 A 需要将数据提供给角色 B）。从技术层面来看，这就存在数据被对方留存的风险。例如，行业中一个常见的场景是：品牌方 A 将 CRM 数据提供给平台方 B，以便进行精准投放，让曾经购买过的老用户能够看到平台方推送的促销广告，从而促进复购。品牌方 A 向平台方 B 提供 CRM 数据的技术手段主要有三种：

- 全人工操作：品牌方 A 的营销人员将数据打包后，通过电子邮件或网盘发送给平台方 B，由平台方 B 的运营人员下载数据并导入广告投放系统。
- 半人工操作：品牌方 A 将数据整理成平台方 B 要求的格式，直接导入平台方 B 提供的广告投放系统。
- 全系统操作：品牌方 A 将数据导入自有的 DMP 系统，并与平台方 B 的投放系统进行对接，实现数据的自动交互。

在以上三种数据交互方式中，看似第三种全系统操作更为合规，但即便如此，它仍然无法完全消除品牌方 A 的两重顾虑：

- 将数据提供给平台方 B 是否合规？毕竟消费者数据的许可对象是自己，而非平台方 B。
- 将自己的用户数据提供给平台方 B 后，是否会被平台方 B 违规或违法利用？例如，平台方 B 将品牌方 A 的数据提供给 A 的竞争对手 C 使用。

当前，行业内通过隐私计算技术来解决数据交互过程中的数据合规问题。简单来说，这个过程包含以下几个步骤：

❶ 双方事先对自己的数据进行加密，且密钥仅双方知晓。这意味着，即使后续数据因各种原因被第三方获取，也无法通过解密使用。

❷ 双方将加密后的数据导入一台安装了隐私计算技术的服务器中。双方导入的数据都是各自已经获得消费者许可的数据，因此在后续的数据交互过程中，双方都不会获得未经消费者许可的新数据。此外，这台服务器在技术上仅支持双方将数据导入，而不支持将数据导出。

❸ 服务器对双方的数据进行匹配后，会告知双方匹配上的数据数量，但不会透露具体哪些数据是双方共有的。例如，品牌方 A 导入了 100 条数据，平台方 B 导入了 1000 条数据，服务器匹配后发现双方共有 80 条数据。A 和 B 双方都只知道这 80 条数据的总数，但无法知道具体对应哪些 ID。

❹ 服务器将匹配上的数据自动导入平台方的广告投放系统进行精准投放，并在技术上设置不可追踪、不可导出的限制。

四、敏感数据

在以上数据合规的法律法规中，有一条尤为关键，即敏感数据原则。消费者的个人健康生理数据、个人财产数据、个人生物识别数据等，均属于无法在营销活动中使用的敏感数据，这些数据的使用将分别对医疗、金融以及零售行业（许多实体店装有具备人脸识别功能的摄像头等设备）的品牌方产生影响。

在敏感数据中，特别需要警惕一种常被忽视的数据类型：未成年人数据。在国内，对于未满 14 周岁的未成年人数据，在未经监护人明确同意的情况下，是不得被采集并用于营销活动的。这也意味着，针对 14 周岁以下儿童的精准营销在国内是禁止的。2019 年，国内某 APP 因在国外留存并分析消费者年龄数据，以便对儿童群体采取有针对性的营销，违反了当地的《儿童在线隐私保护法》，最终被罚款数千万元。国内的玩具、教育、母婴、在线游戏等行业，均存在触碰这一红线的风险。

五、数据许可授权

对于大型品牌方而言，其往往拥有复杂的分公司、子公司体系，并处于动态的收/并购状态。这时，便可能出现一种极端情况：采集消费者数据时获得许可的主体与实际使用数据的主体不一致。简而言之，就是消费者仅许可了品牌方 A 使用其数据，但若同属于一个集团的品牌方 B 也想使用这些数据，此时便会涉及数据许可授权的问题。

笔者曾亲身经历这样一件事：几年前，笔者接到一个来自旅游网站 A 的推销机票的电话，而笔者从未使用过该网站。当询问电话销售人员为何会有自己的数据时，对方回答称他们刚被笔者经常使用的另一个旅游网站 B 收购，因此使用了旅游网站 B 的 CRM 数据。在笔者的不断投诉，并凭借刚出台的《个人信息保护法》与对方法务人员进行了半小时的"友好交流"后，对方最终承诺不再使用这些数据，并向笔者道歉。

第四节

数据合规的未来

2023 年 10 月，国内数据合规领域发生了另一重大事件：国家数据局正式成立。在官方通稿中提及，当前数据的开发程度普遍较低，利用水平也不高，存在开发动力不足、利用活力不够等问题，导致大量数据沉淀在政府机构、国有企业和平台企业内，难以充分发挥其作为新型生产要素的价值。因此，整合国家范围内的各类数据资源，加强数据的收集、管理、分析和利用，提升数据的价值和效益，已成为公众的普遍期待，国家数据局的首要任务，便是建立数据基础制度，构建数字经济时代的规则体系。与此同时，还提及与数据开发利用相伴而生的，是数据安全及隐私保护问题，如何加强对数据的安全监管与隐私保护，同样成为国家数据局的一项重要职能。以上内容充分表明了我国对数据合规未来方向的态度，需要行业进行长期的观察与探索。

鉴于篇幅所限，本章仅触及营销数据合规的若干关键方面，即便如此，这一议题的重要性也不容忽视，且极为关键。若大家在研读过程中有任何疑惑或宝贵建议，恳请随时与我联系，共商探讨。

第 8 章
数据的未来

- 第一节　新技术：人工智能
- 第二节　新数据：内容数据＋内容平台
- 第三节　全域增长：全局最优的增长

第 8 章 数据的未来

十年前，大数据概念兴起，随即在营销界掀起惊涛骇浪。资本方、技术方、品牌方纷纷入局，各方基于自身理解与利益诉求展开尝试，一时间，各种令人目不暇接的模式层出不穷。然而时至今日，哪些模式切实可行，哪些仅仅是不切实际的幻想，基本已有定论。展望未来十年，数据又将何去何从？笔者给出三个判断。

- 数据的应用已到瓶颈，原因有三个。① 原有驱动力趋弱：过去，技术与资本是数据应用的主要驱动力，在数据中台、元宇宙、大模型等一系列技术概念爆火后，资本方积极入场，推动前期探索，最终由品牌方承担费用，在"为数据找营销场景"的模式下，营销人员处于被动地位，大量精力耗费在无法即刻带来增长价值的技术创新上，而真正关乎增长的挑战却鲜有人关注，当下，在充满不确定性的时代，营销人员需要进一步解决增长问题，不再单纯地为创新买单，这使得原有驱动力失去了关键的收入支撑；② 人才稀缺：让数据充分发挥价值是一项极为复杂的系统工程，这就要求操盘手既懂数据、业务，又懂技术、营销，然而，市场上这类"四懂"人才极度匮乏，平台方凭借高额薪资吸引了大量人才，致使行业内可获取的人才数量极为有限；③ 数据合规：随着相关政策不断收紧，围绕"人"的数据应用方式不断受到挑战。

- 突破瓶颈需要解决三个问题。① 品牌方的增长是真正的驱动力：多倾听营销人员的需求，让数据切实为品牌方创造可衡量的增长价值，让"为增长场景寻找数据"替代"为数据寻找营销场景"，成为促进行业发展的全新驱动力；② 人工智能：人才短缺问题难以在短时间内得到解决，而 AI 能够应对部分标准化程度较高的场景，以此降低对专业人才的依赖程度；③ 新数据的探索：在现有的"人"的数据应用模式之外，积极探索全新的数据应用逻辑。

- 未来三年内可预见三个趋势。① 新技术赋能：人工智能的深度应用，将显著降低数据的使用门槛；② 新数据开拓：内容数据与内容平台的融合，将为增长开辟全新路径；③ 新增长模式：全域营销理念的全面践行，能实现全局最优的增长模式。

进化：做懂数据的营销人

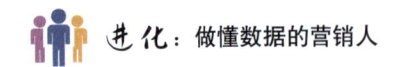

第一节
新技术：人工智能

如今，在行业内获取数据并非难事，但对数据价值的挖掘仅处于简单的贴标签阶段，并且，对于大多数企业而言，组建深度挖掘数据价值的算法团队仍是大型平台方才能消费得起的"奢侈品"。至于人工智能（简称 AI），自 Google 的 AlaphGo 在围棋领域大显身手后，已广为人知。AI 在营销领域的真正价值在于，将复杂但具备标准化特征的数据问题予以简化处理，以算法代替专家的经验判断。短期内，适合 AI 的场景主要涵盖以下三个方面。

一、数字广告的自动化投放：从白盒化到黑盒化

数字广告投放领域的预算规模庞大，流程繁杂，涉及多方参与，专业控制点众多，但标准化程度较高，堪称 AI 与营销的绝佳结合点。在效果广告方面，AI 助力平台方预先判断广告投放效果及最优化的投放规划，例如，目标消费者的定位、广告位的挑选等，实现了广告投放半自动化的目标（在跨媒介、人群破圈、频次控制等方面尚有提升空间）。平台方由此获得了浮动定价的能力，在相同流量的前提下实现了大幅度的溢价；而品牌方则凭借更精准的投资回报率（ROI），实现了更合理的预算分配，减少了不必要的开支，获得了更具确定性的增长，并且也乐于接受因精准投放而产生的溢价。AI 赋能下的效果广告实现了平台方与品牌方的双赢局面，如今已在广告预算中占据了半壁江山。

效果广告并非 AI 与广告融合的终点，AI 广告的最终形态是全流程从白盒化迈向黑盒化。

- 白盒化：是以营销人的专业能力为核心，数据起辅助作用的模式。当下，

品牌方和平台方之间存在代理方、第三方、创意方等中间角色，各方凭借专业能力各司其职。白盒化的不足之处在于，这些中间角色会拿走相当比例的广告预算作为管理成本，这就意味着在品牌方拿出的广告预算中，真正用于购买流量的媒介费用会减少。不过，它的优点是整个流程的控制点都能解释清楚，也就是说，广告投放成功或失败的原因很容易找到，能够明确哪些地方做得好、哪些地方需要改进，进而为未来的优化提供依据。

- 黑盒化：是以 AI 算法为核心，数据起辅助作用的模式。随着 AI 不断汲取营销人的专业知识与经验，营销人的专业优势逐渐被削弱，在广告投放等业务环节里逐渐退居边缘地位。黑盒化的优势在于去中心化，减少了中间管理成本，降低了广告投放的门槛，即使是小品牌方借助 AI 也能实现以往大品牌凭借深厚积累才能达到的投放效果。但它的缺点是整个流程的控制点处于黑盒状态，过程不透明，广告投放成败的原因难以探寻。不同 AI 广告算法的优劣，主要取决于哪个 AI 算法拥有更多用于学习的数据及更强的算力。

对于营销人而言，这一趋势并非利好。他们历经多年积累的专业能力，或许在几年后就会被几段代码替代。行业也不再愿意为营销的专业性支付相应的成本。大学的广告系也将围绕 AI 编程转型为工科专业。原本由右脑创意主导的广告行业，将转变为依靠左脑的数据驱动，艺术属性逐渐让位于技术属性。

笔者曾听闻一种国外观点：未来品牌方的市场部仅需两人，一位是 CMO，负责与管理层的沟通协调，确定营销方向；另一位是 CMO 的秘书，主要负责管理记录真实预算的 Excel 表格，并在 AI 系统中进行操作。这种观点并非毫无根据。自 2023 年起，各大平台纷纷加快 AI 与广告的融合步伐。以阿里的万相台无界版、抖音的自动化解决方案 UBX，以及拼多多的广告托管助手为例，它们均已发展成为成熟的广告自动化投放工具，AI 广告的发展浪潮已汹涌来袭。

二、自动化洞察

洞察，堪称数据在营销领域的又一关键应用场景。需要留意的是，面对同样的数据，不同分析人员常常会得出截然不同的结论。要想把洞察工作做到位，营销人员不仅要有长年累月沉淀下来的专业素养，还得具备从整体上把控业务的能力，以及对数据的敏锐感知能力，而这些方面恰恰是 AI 的长处。

就拿预算分配来说，以往这是那些拥有雄厚预算、在多条营销战线上同步开展业务的大型品牌方需要进行的洞察工作。然而在海外，Google 研发的 LightweightMMM，以及 Meta 研发的 Robyn，已经能够依据数百个参数实现预算的优化配置。这些工具甚至会自动将影响收入的天气、犯罪率、竞争态势等因素考虑在内，虽说距离实现完全自动化的 AI 洞察尚有一段路要走，但在实际执行过程中，对品牌方的操作要求已显著降低。

三、无界营销

通信技术的迭代堪称营销模式变革的最底层驱动力。回顾过往，3G 时代的图文形式成就了 BAT；到了 4G 时代，短视频和直播兴起，催生出抖音、小红书和快手等内容平台。那么，在 5G 时代，主流营销模式又将走向何方？就笔者观察，当前行业内存在诸多不同的答案：Meta 力推的元宇宙，主张未来的主要营销场景将集中在虚拟世界；Apple 通过智能手机、手表、戒指、头显等一系列穿戴设备，构建起联动营销生态；OpenAI 的 ChatGPT 则着重突出营销的个性化与双向性，意图取代当前单向且标准化的营销模式。

回顾自 4G 落地至抖音崛起，大约历经了 5~10 年的时间，而 5G 从普及到催生出具有广泛影响力的新营销模式，所需时间理应更久。目前上述提及的各种营销模式设想，究竟哪一个最终会成为现实，仍有待观察。本书笔者所支持的是在国内鲜少被提及的无界营销（Boundaryless Marketing）：即围绕线下智能设备，由 AI 驱动的跨设备联动营销。这一定义乍听上去稍显拗口，其实质涵盖以下几个方面：

第 8 章　数据的未来

- 线下智能设备对消费者的精准识别，以及有针对性的广告推送。
- 跨设备 ID 实时打通，进而实现跨设备之间的联动协作。
- 借助 AI 实时计算，达成千人千面的精准营销。

早在 2002 年，由汤姆·克鲁斯主演的《少数派报告》中，主角逃亡的那段情节就预言了这种营销模式，主要包括如下场景。

- 消费者识别：大街小巷布满的摄像头借助人脸与虹膜识别技术来识别消费者。相较于基于设备的手机号、Cookie、设备号等 ID，由"人脸＋虹膜"构成的生物 ID 不存在 ID 映射匹配的难题。
- 线上线下数据对接：线下广告屏在通过摄像头识别消费者后，能实时与云端存储的消费者画像数据进行对接。如此一来，线下屏推送的广告便能直接叫出观看者的名字。
- 用户维系：影片中主角驾驶的是老款雷克萨斯车型，在获取并分析消费者画像数据后，系统向主角推送新款雷克萨斯车型的广告，还称赞身为公务员的主角为"少数精英"，以此增强用户对品牌的好感与忠诚度。
- 交叉销售：借鉴"啤酒与尿布"这一经典营销案例，智能设备依据主角的年龄和性别，向其推送啤酒广告，挖掘消费者潜在的多元化消费需求。
- 表情识别：一旦摄像头捕捉到主角呈现出紧张的表情，便会向主角推送诸如"度个假吧，放松下心情"之类的旅游产品广告，实现基于情感状态

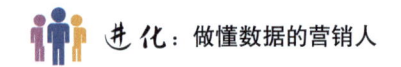

的精准营销。

- 虹膜支付：若主角对广告内容感兴趣并决定接受相关服务或购买产品，则可通过摄像头扫描虹膜直接完成费用扣除，从而简化支付流程，提升消费体验。
- 多场景复用：上述用于实现无界营销的设备与数据同时接入了国家安全系统。由于主角是逃犯，国家安全部门能够在第一时间接收到警报并迅速派出警力。这种多场景复用的模式极大地降低了系统建设与运营的成本。
- 个性化移动终端：在电影场景中，地铁上的乘客手持的报纸实际上是柔性屏幕。从长远来看，在成本大幅降低的情况下，传统的报纸、手环、眼镜等物品都有可能演变为向消费者精准推送广告的终端设备。

看完上述场景，或许你会心生恐惧：若生物数据，例如，虹膜、人脸等被应用于营销领域，那么是否会引发数据合规方面的问题呢？从技术层面来讲，无界营销的落地还需借助边缘计算（Edge Computing）才能得以实现。边缘计算，指的是将所有消费者数据存储在消费者自身的设备之中，所有营销所需的数据运算与操作都在消费者自己的设备上进行，数据不会上传至网络，如此一来，不管是平台方还是品牌方，都无法收集到这些数据。鉴于边缘计算技术较为复杂，本书不再对其作进一步的阐述。

第二节
新数据：内容数据 + 内容平台

AIGC（AI Generated Content）作为 AI 的组成部分，专指与内容相关的 AI。鉴于其当前受到多方的高度重视，所以将它从 AI 整体中单独剥离出来探讨。在营销领域，AIGC 的应用最早可回溯至 2017 年由 Adobe 发布的工具 Adobe

Sensei。在当时，该工具就实现了图片和视频的智能编辑功能：操作人员只需输入文字指令，该工具便能自动生成与修改图片和视频，极大地降低了内容编辑的门槛。由于 Adobe 拥有 Photoshop、Premiere、Illustrator 等主流内容生产工具，并且掌握着庞大的内容数据及背后广泛的使用人群，所以直至今日，Adobe 依旧是 AIGC 领域的隐形冠军。然而，Adobe 在国内一直处于"叫好不叫座"的状态。这是因为以 Adobe 为代表的 AIGC 仅实现了内容编辑效率的提升，并未在更高维度对营销模式产生变革性影响，也未能带来战略层面的显著收益，其定位仅是执行层面的工具。

2022 年，Jason Allen 凭借 AIGC 创作的图画《太空歌剧院》（如下图所示）一举拿下美国科罗拉多博览会年度艺术比赛大奖，这一事件成为 AIGC 崛起的标志性节点。同年 11 月，ChatGPT 正式上线，仅在 5 天后，用户数量便突破百万，两个月内月活跃用户数（MAU）破亿，成为史上用户增长速度最快的应用之一。在这波 AI 热潮的推动下，数字营销领域对于 AIGC 的应用开启了全新的探索征程。

一、内容数据

在畅想 AIGC 为营销带来的变革之前，首先要明确，AIGC 仅是内容数据这一庞大体系中的一个环节。所谓内容数据，是指将文字、图片、视频、直播等各类内容，转化并标准化为数据标签。以一张一家人围坐在一起吃年夜饭的图片为例，通过技术手段可以识别出其中的家长、孩子、桌子、饭菜、笑容等内容数据元素。随后，对这些内容数据元素进行汇总分析，便能得出"家庭温煦""年夜饭"等内容数据场景，从而构建起从元素到场景的两层标签体系。

（1）内容数据元素

- 爸爸、妈妈、爷爷、奶奶、儿童、家人
- 饺子、筷子、可乐、青菜、米饭、鱼、杯子、碗
- 笑容、欢呼、高兴

（2）内容数据场景

- 家庭温煦
- 年夜饭

原始内容

内容数据的运营涵盖 6 个关键环节，而 AIGC 主要作用在前 3 个环节。

- **内容生产**：此环节聚焦从无到有的内容创作。以直播间场景为例，像直播间里的录音录像工作，以及话术大纲的生成等相关技术，都属于 AIGC 的涉足范畴，其中直播间的虚拟人是其典型应用。
- **内容编辑**：主要针对现有内容进行二次创作加工，是在内容生产完成后的进一步优化。这是 AIGC 展现强大实力的领域，例如，视频换脸技术，以往完成这样的操作需要投入大量的人力和时间，而借助 AIGC，在短短数秒内就能实现。
- **内容标签**：其核心是对各类内容进行标签化处理，这些标签是 AIGC 应用的重要基础。假设某品牌方想要生成"家庭温馨"场景的视频，AIGC 就需要精准判断该场景所需的元素，如穿着得体的父母、可爱的子女、活泼的宠物及温馨的家庭聚餐环境等。
- **内容管理**：如今行业里已兴起"内容中台"的概念，在国外它被称作 DAM（Digital Asset Management，创意数字资产管理系统）。这一环节主要是对海量内容进行系统性管理，确保内容能够顺利存储、随时便捷调取，并且能够依据内容标签展开多维度的深入分析。
- 内容审核：这是内容数据运营中极为特殊的环节，主要任务是剔除那些不合规、不合法的内容，同时也是所有内容数据运营环节中难度最大的。在国内，内容审核没有丝毫的容错空间。将国内的抖音、快手、小红书，与国外的 Meta、Instagram、Twitter 等平台加以对比，不难发现，国内内容平台在内容生态的净化上成果斐然。在严格且完善的内容审核机制下，黄赌毒这类危害社会风气、侵蚀网络环境的不良内容已被彻底杜绝。要知道，我国每年产出的短视频数量高达百亿，在如此庞大的基数下，即便差错率仅为万分之一，也极有可能引发恶劣的后果，对网络环境和社会风气产生难以估量的负面影响。这一环节主要由平台方负责，实现方式是 99% 的 AI 审核加上 1% 的人工审核。即便有 AI 助力审查，平台方也需要投入大量的人力进行人工复查，这是国外平台难以做到的。
- 内容分发：该环节需要将海量内容按照不同媒介的特定要求，输出至各类不同的媒介平台。由于不同的媒介平台对于内容格式、交互系统和流程的要求各不相同，所以将同样的内容分发到不同的媒介平台，是一项复杂的系统工程。

当前，内容数据运营尚处于初始的发展阶段。根据木桶理论，一只木桶的盛水量取决于最短的那块木板，这一理论同样适用于内容数据运营领域，其应用深度由最薄弱的环节所决定。就目前来看，制约内容数据运营及 AIGC 发展的最短板并非 AIGC 能够发挥作用的内容生产、内容编辑和内容标签这三个环节，而是内容审核环节。只要内容审核这一关键问题未能得到彻底解决，AIGC 的发展便会始终面临瓶颈，难以突破现有天花板，无法充分释放其潜力。

二、内容洞察

尽管内容数据的运营逻辑仍处于探索过程中，但在众多应用场景里，其优越性已有所彰显，特别是在服饰行业针对未来爆款的预测领域，更是展现出卓越的前瞻性。以往，这项预测工作主要由经验丰富的设计师承担。如今，抖音平台开放了部分内容数据，以供服饰行业免费使用。通过该平台，能够查询到不同内容标签的浏览量和搜索次数。

例如，2021年7月，抖音上涌现出大量与克莱茵蓝（被形容为最纯正的蓝色）相关的内容，这一现象对于服饰行业而言，是极具价值的前瞻洞察。一些敏锐的商家在捕捉到这一趋势后，迅速开展产品设计并精心提炼卖点，于同年11月推出克莱因蓝羽绒服，并大获成功。将搜索数据（克莱因蓝在搜索引擎上的搜索次数）与电商数据（与克莱因蓝相关商品的购买次数）进行对比后发现，克莱因蓝热点的出现分别比搜索引擎的搜索热度提前1个月，比电商购买热潮提前6个月，这无疑为品牌方预留了充裕的时间，用于创意构思、市场验证及产品设计。

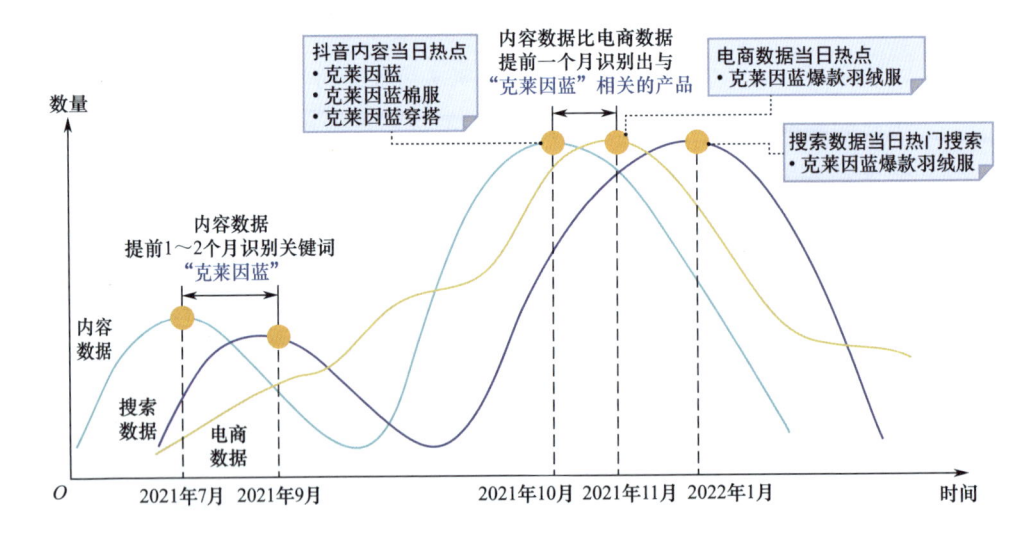

三、内容提效

"好的创意可以提升19倍销量"，这是John Caples提出的观点。

经过多年对"人""货""场"数据的深度挖掘，商家想要再单纯依靠这些数据来大幅提升效能，已颇具难度。从当前行业的成功案例来看，提效的极限也不过百分之几十。然而，内容数据作为新生事物，其中蕴含着大量尚待挖掘的潜力。

在数字广告领域，决定广告成败的因素主要有三个：目标人群、媒介（包括广告位、触达次数、展示方式等）、创意。与前两个因素相比，创意更多依赖于营销创意人员的思想灵感与个人经验。品牌方或许能凭借投入大量资源，或者创意人员的偶然灵感，产出少数震惊行业的顶级创意，但难以做到长期稳定、低成本且规模化地持续输出海量的高质量创意。

行业内常常提及的"千人千面"精准营销，在实际操作中却存在难题。虽然如今的数据能够对消费者进行无限细分，但无法输出与之对应的数量庞大的创意，以匹配不同的细分群体。当品牌方手中仅有寥寥几种创意时，前期针对消费者所做的研究与细分工作就都失去了意义。

AIGC 的出现，有望改变这一局面。AIGC 大幅降低了创意输出的门槛和成本，让品牌方输出海量创意成为可能。以短视频领域为例，品牌方在拍摄完数十小时的视频原始素材后，可借助 AIGC 将其剪辑成多个数十秒的短视频用于广告试投放。在现有的平台工具中，能够清晰得知不同创意的哪些片段更受消费者关注。品牌方可以把这些消费者关注度最高的素材重新剪辑组合，最终针对数百种不同人群，输出数百种不同的创意。在实际营销过程中，这种边投放边剪辑的方式，已经让品牌方的营销效能提升了数倍，成为抖音营销内容策略中的常规操作。

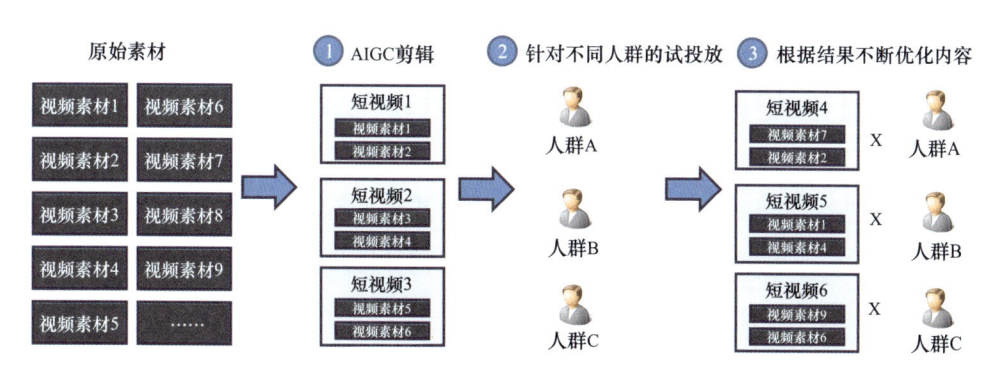

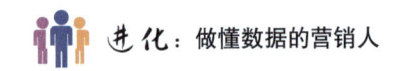

四、内容驱动增长

当前，绝大多数品牌方采用的是"流量驱动增长"模式。在品牌方的成本构成里，流量成本占据了绝大部分比重。例如，当品牌方手握 100 元的营销预算时，往往会拿出 90 元用于采购广告，仅剩下 10 元用于涵盖内容创作、运营管理等其他方面的成本。

然而，当 AIGC 与内容平台（如抖音、快手、小红书）深度融合后，另一种增长模式——内容驱动增长，应运而生。在内容平台的流量体系中，除了作为商品售卖的"商业流量"，还有相当大的部分是旨在提升消费者体验、延长用户使用时长的"自然流量"。只要品牌方能够创作出吸引消费者主动投入时间观看的优质内容，就有机会获得内容平台给予的大量免费的自然流量。

正是基于这样的流量分配机制，品牌方的成本运作逻辑迎来了新的可能性：将原本高昂的流量成本逐步向内容成本转移，借助 AIGC 以更低的成本产出更多符合平台规则、获得平台认可的内容。如此一来，品牌方既能达成自身的营销目标，平台方也能凭借优质内容吸引更多流量，实现互利共赢。在当下行业中，不少在广告预算上不占优势的品牌，已在内容平台上通过深耕内容收获成功。例如，东方甄选凭借主播专业又风趣的讲解，收获了相当于价值数亿元广告投放才能达到的效果，堪称内容驱动增长的典型范例。

内容驱动增长模式具有显著优势，其门槛较低，容易创造以小博大的营销佳绩，特别适合新兴品牌。但它也存在弊端，即效果的确定性不强，品牌方难以精准预测哪一条内容会获得内容平台认可，进而获取自然流量。不过，随着 AIGC 技术的应用，内容产出数量大幅提升，便可以在一定程度上弥补投资回报率（ROI）不稳定的短板。目前，许多大品牌方已着手研究在内容平台上，将流量驱动（购买流量）与内容驱动（创作内容）相结合的协同运营模式。对于 AIGC 而言，这是一个能够直接通过量化数据来证明其对业务增长有价值的关键课题。

以服饰行业为例，以往的营销内容大多走精品化路线，常常邀请明星为品牌背书，精心设计具有针对性的场景，以此引发消费者产生情感共鸣。但有一家服饰品牌另辟蹊径，探索出了内容规模化驱动增长的新模式：该品牌在抖音上同时运营十几个账号，每个账号每天发布十条以上内容，这些内容大多只是简单地介绍鞋型，大多数视频的点赞量仅为个位数。这种策略的核心在于，依靠内容的庞大数量维持平台自然流量的规模与稳定性，同时依据不同鞋型视频的点赞量和获取的自然流量数据，判断消费者对不同鞋型的喜好倾向，从而实现类似"选品测试"的功能。

第三节
全域增长：从全局最优的视角出发布局平台策略

过去，品牌方在开展数字营销工作时，是以流量作为首要视角来进行预算分配和确定指标的：首先，确定品牌广告、效果广告、达人营销等不同横向流量形式；然后，在同一流量形式下，对不同平台方的优势与劣势进行对比分析，平台方的选择在整个流量形式确定之后，处于第二优先级。

随着国内平台方的实力不断增强，九大平台（传统三巨头BAT，即百度、腾讯、阿里；三个内容平台，即抖音、快手、小红书；三个电商平台，即京东、拼多多、美团）已占据全国营销总预算的80%以上。以往，这些平台的营销方式较为标准化。例如，当品牌方计划投放品牌广告时，不同平台方的品牌广告形式、价值衡量及度量方式基本统一，其差异主要体现在各自覆盖的消费者群体及平台自身的调性上。

但如今，平台方在掌握了媒介、数据和技术这三大核心资源后，各自演化出了独特的营销逻辑，各平台的营销产品之间存在显著差异。以抖音、小红书和腾讯三家的种草广告为例，从理论基础、执行方式到效果评估，都大相径庭。

从数字营销的发展进程来看，在未来十年，品牌方面临的核心挑战是如何充分利用好上述九个平台。目前行业内已呈现出这样的趋势：品牌方将预算分配的首要视角，从横向的流量驱动转变为纵向的平台驱动。也就是说，广告主首先要确定平台策略，包括选择哪些平台方、分别投入多少预算，以及为不同平台设定目标；然后，再考虑在各平台上的流量策略。

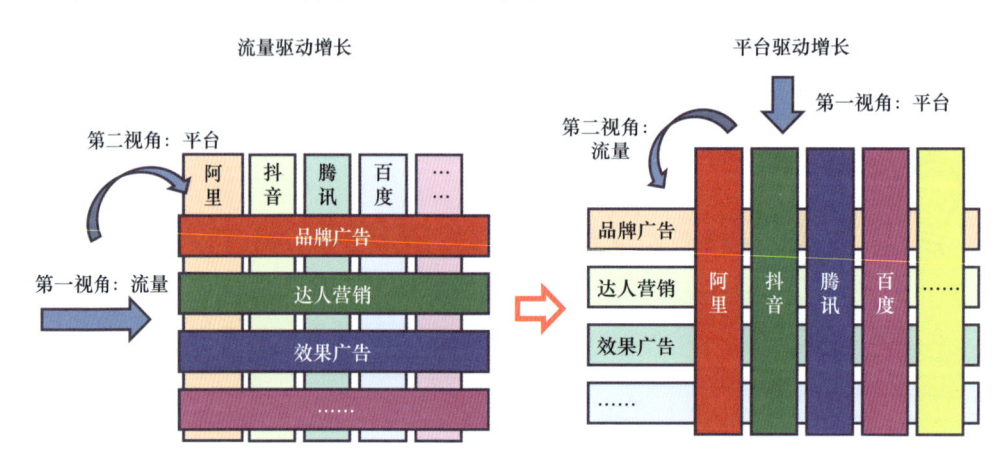

在这九大平台里，抖音、腾讯和阿里的营销逻辑堪称最为复杂。不过，行业专家针对这九大平台的研究成果及实践范式已屡见不鲜，在如何做好单个平台的营销方面，已经有了成熟的方法和经验。然而，如何在不同的平台之间达成协同效应，从实现全局最优的视角出发去布局平台策略，至今仍是整个行业正在积极探索的全新课题，这一课题也被业内称作"全域增长"。

一、当前行业对于全域增长的理解

尽管行业内对于全域增长的目标理解高度一致，都聚焦于平台方之间的协同合作，围绕业务增长构建出全局最优的平台策略，但在具体执行层面，已经涌现出多种不同的"方法论流派"。

- 抖音：从前链路到后链路。抖音格外强调前链路的关键作用。在这一模式下，品牌方先在抖音平台对消费者进行种草，致力于构建消费者的品牌心智；随后，消费者会在品牌方的各类后链路销售渠道中完成转化，这些渠道既涵盖与抖音形成闭环生态的抖音电商，也包括其他电商平台，甚至涉及实体店。通过这种方式，实现从前端的品牌认知塑造到后端的实际销售转化的全域贯通。

- 阿里：从后链路到前链路。对于大多数品牌方而言，电商平台，如天猫、淘宝，是其收入的根基所在。阿里凭借优质的物流配送、售后支持，以及完善的电商工具，赋予品牌方规模化承接前链路流量的强大能力，这是其他销售渠道难以企及的独特优势。因此，阿里全域增长的核心在于为后链路的电商平台寻觅更多前链路的引流流量，其中既包含电商平台的站内流量，也包括内容平台、社交平台、搜索平台等站外流量。例如，品牌方能够借助阿里提供的广告工具，如万向台、Unidesk 等，实现对站内/站外全域流量的投放，从而有效拓展流量来源，提升销售业绩。

- 腾讯：从公域到私域。与抖音和阿里基于前、后链路的视角不同，腾讯从公域与私域的维度对全域进行解读。公域流量，也就是付费流量，其优势在于覆盖范围广泛，能够快速触达大量潜在消费者，但缺点是成本相对较高，且营销效果相对固定，与消费者之间的互动往往是一次性的，难以形成深度连接。而私域流量则是通过将消费者拉进社群、企业微信等方式，借助运营手段与消费者建立长期稳定的互动关系。这种方式不仅节省了持续的广告投放费用，还成功实现了营销与销售环节的一体化，有效提升了客户的忠诚度和复购率。

以上三种方法论并无绝对的优劣之分，更多的是在适配不同行业及不同体量的品牌方。例如，对于旅游、餐饮、3C 等行业，由于其需要消费者对商品具有直观的认知，以此激发消费需求，并且其后链路的销售渠道丰富多样，因此，在这种情况下，抖音的思路显得更为契合；对于快消、美妆、服饰等行业，主要依赖消费者的即时需求，即看到广告便能即刻激发消费欲望，且电商是其主要销售渠道，因此，在这种情况下，阿里的思路更为适用；对于母婴、汽车、奢侈品等

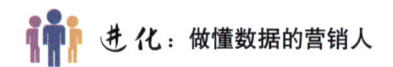

行业，需要深度挖掘消费者的生命周期价值，消费者重复购买比率较高，因此，在这种情况下，腾讯的思路显得较为合适。

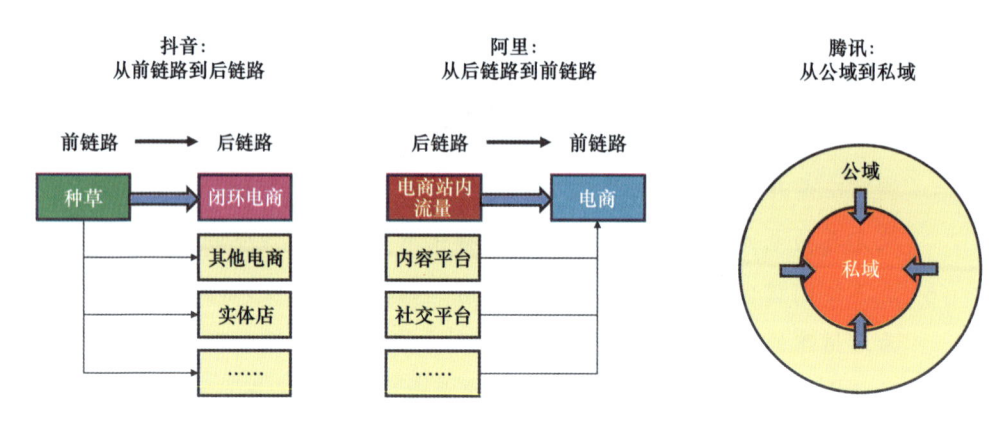

```
抖音：                    阿里：                    腾讯：
从前链路到后链路          从后链路到前链路          从公域到私域
```

```
前链路 → 后链路           后链路 → 前链路

种草 → 闭环电商          电商站内流量 → 电商
     → 其他电商                      → 内容平台
     → 实体店                        → 社交平台
     → ……                           → ……
```

（公域 → 私域 示意图）

二、数据在全域增长中的价值

制定定性的全域增长策略并非难事，各平台方独特的调性及消费者的链路价值，早已成为行业内的普遍共识。以快消行业的品牌方为例，利用抖音和小红书开展种草活动，随后通过精心运营各电商平台店铺及自有实体店来承接种草后引发的消费转化，这样的策略很容易确定。然而，真正的难点在于定量分析，具体而言，包含如何在不同的平台间合理分配资源，怎样构建更为高效的消费者转化链路，以及如何精准度量全域策略所带来的增长增量。若要解答这些关键问题，其核心在于品牌方是否具备全域的数据能力。

当前，各大平台方大多倾向于为品牌方提供单独的数据工具，而非直接开放底层数据。这就导致品牌方想要通过直接对接平台数据来制定平台协同策略，变得困难重重。例如，若要打通腾讯和阿里的数据，以此论证微信私域用户在天猫平台的转化情况，从数据层面来看，实际操作难度极大。微信主要基于 Open ID 来识别消费者，而阿里却无法识别这一由腾讯制定的 ID，双方仅能通过消费者加入微信会员时留下的手机号，以及在天猫购物时快递单上的手机号进行对接，但由于存在一人有多个手机号等现实问题，这种对接方式往往会导致结论出现偏差。

若想构建起不同平台方之间的数据桥梁,品牌方必须依靠自身的数据能力实现,这涵盖了消费者识别的 Super ID、与各个平台进行隐私计算的数据对接,以及对不同平台数据的深入理解等关键内容。一套完整的全域数据能力,需要解决以下两个至关重要的问题。

1. 消费者转化链路设计

消费者在产生购买行为前,其行为模式丰富多样。从被不同平台种草,到被种草的次数,再到最终可能在哪个平台完成购买,这些因素相互交织,形成了众多的排列组合情况。对于品牌方而言,关键在于抓住核心的几条链路。例如,快消品行业的消费者往往在看到广告后便会即时转化购买;而汽车行业的消费者则需要经历长时间的考虑,属于长链路转化。基于这些核心链路,品牌方需要进一步观察不同平台在链路中所发挥的价值。以某快消品的链路分析为例,通过深入研究可以发现,80% 的线上购买行为均集中在 A、B、C、D 这 4 个电商平台。当我们尝试从购买行为发生的时间节点逆向回溯,往回倒推 4 周的时间,细致观察消费者在购买前的种草行为时,能够精准定位到种草行为主要集中在 2 个前链路种草平台。值得注意的是,在所有的种草行为当中,74% 发生在购买的前 2 周。

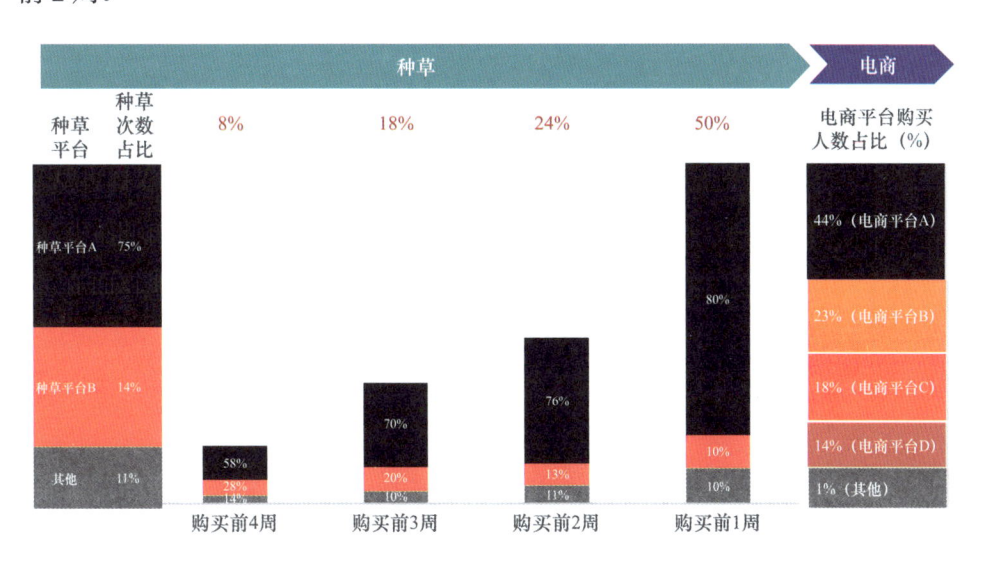

2. 全域度量

增强不同平台间的全域协同究竟能否切实带来增量，这是决定不同平台间预算分配的关键依据。当下，依托平台方提供的工具，单平台的投入产出计算清晰明了，即在某平台投入多少广告预算，最终售出多少产品，各项数据都能精准获取。然而，计算多平台协同对转化所产生的价值，其复杂程度却远不止于此，由此还延伸出了"全域度量"这一专业知识。

若品牌方缺少科学的全域度量方法，则有很大概率会高估后链路电商平台的价值，进而导致品牌方将更多预算投向能够直接呈现收入数据的电商平台。实践已然证明，这种平台策略只顾眼前利益，缺乏长远考量，不利于品牌影响力的长期增长。

后记

做好大时代里的"马车夫"

由托尼·萨尔德哈撰写的《数字化转型路线图》一书讲述了两个发人深省的故事。

- 19世纪，马车作为全球最主要的运输方式，曾经风光无限，仅在美国就有4600家相关企业。其中，斯蒂芬斯（Stephenson）堪称行业翘楚，业务广泛覆盖美国、欧洲各国。当内燃机技术初露端倪，斯蒂芬斯敏锐察觉到了汽车带来的潜在挑战，于是倾尽心力围绕马车开展技术创新，发明了马拉巴士、马拉有轨列车、马拉货车等，还斩获了18项专利。然而，基于旧有生产力的创新，在新兴生产力的猛烈冲击下，终究是不堪一击的。1919年，斯蒂芬斯宣告破产。到了1925年，美国与马车相关企业锐减至150家。
- 时间来到20世纪50年代，斯蒂庞克（Studebaker）是美国汽车业的标志性企业，也是从马车制造成功转型为汽车制造的典范。但它的商业模式存在偏差，过于侧重在资本层面给股东的高额分红，却在市场和产品层面未能向消费者展现行业领头羊的价值主张。面对福特汽车和通用汽车的技术创新，以及激进的价格策略，曾经的新型生产力——斯蒂庞克的汽车业务，又被更新的生产力所取代。1966年，作为马车时代最成功的幸存者，斯蒂庞克结束了长达114年的经营历史。

百年前汽车大时代的诸多场景，在过去十年的营销大时代中不断重演。程序化广告、私域、元宇宙、直播电商、AIGC……新热点如潮水般不断涌现，更迭速度之快，常常让品牌方还没完成对一些热点的投资评估，当下看似新潮的营销方式，就如同昨日的马车，迅速被时代抛在身后。

初入这一行业时，周遭皆是满怀自信、履历光鲜且极具个人魅力的营销专家。彼时，拉斯科尔的那句"不做总统，就做广告人"的名言，时常被大家提及。在那个营销的黄金时代，成功的营销，是用精妙绝伦的创意触动人心。就像南方黑芝麻糊的广告，唤起无数人内心深处的情感共鸣；还有朱家鼎为铁达时创作的"不在乎天长地久，只在乎曾经拥有"经典广告语，成为一代人记忆中难以磨灭的营销印记。

可如今，营销的世界变得繁杂且乏味。GMV俨然成了衡量营销成效的首要标尺，在管理者眼中，营销不再是开疆拓土的锐利武器，而是沦为业务稍有差池就可能被果断裁撤的"甜蜜负担"。营销工作褪去了曾经的体面光环，身边的同行每日都在为了那冷冰冰的数字结果疲于奔命，面容上尽是"譬如朝露，加班苦多"的无奈与疲惫。营销的多元化正逐渐消逝，所有品牌方都在急切寻觅那种简单易用、能快速见到成效，还可以大规模复制的标准答案。于是，每年行业中都会如雨后春笋般冒出数十本由平台方牵头编写的执行方法论。

宋星老师在《夹缝中的"数字营销农民工"》一书中提到："广告主们忽然明白了一个道理：不断花更多的广告费并不能让业务走向更大的成功，因为不停上涨的广告费和收益已经不成正比，甚至入不敷出。即使在短时间内能够找到流量新渠道，红利也不可能永远持续，那也不过是从一艘已经几乎沉没的船，跳到另一艘注定会下沉的船上罢了。"

回溯我的职业生涯，自始至终，我都一心期望自己能紧紧追随数据领域最前沿的生产力发展步伐。从B2B转换到B2C，从投身CRM领域再转入数字营销，又从品牌方的视角切换至平台方……这一路，我不断自我鞭策，努力学习全新技能，只为竭力跟上时代的滚滚车轮。但如今，在面对那些比我年轻十几岁，凭借后发优势，一入行便对营销有着独特理解的新生代时，我仍会有力不从心之感，隐隐觉得自己追赶不上这快速更迭的行业节奏。

写下这些文字，并非意在突显数据的重要性。在我眼中，营销的迷人之处，在于那些能够直击人心的创意，以及饱含商业智慧的设计，技术和数据仅仅是辅助性的工具，就好比人们在惊叹金字塔历经千年仍巍峨壮观时，关注点绝不会放

后记　做好大时代里的"马车夫"

在当年建造时使用的"起重机"上。本书想要传递的，不是"学会数据就能抵御时代的汹涌浪潮"这一观点。对于营销人而言，究竟何种技能才是能一路支撑自己直至退休的终极技能，我也尚未找到确切答案。我唯一能做的，便是将自己所掌握的知识毫无保留地呈现出来，期待能助力阅读本书的营销人，在明晰数据的前因后果后，对自身所处的领域产生更为深刻的感悟，碰撞出新的灵感火花，进而缓解面对时代飞速变化时的焦虑情绪。既然我们注定会成为明日的"马车夫"，那便竭尽全力，在自己的领域做到这个时代最专业的水准。

由于个人能力有限，书中难免存在错误之处，对此我深感遗憾。如果您希望与我进一步交流，欢迎通过电子邮件 jackiddyu@hotmail.com 联系我。

与君共勉！

附录

推荐阅读

作　者	书　名	出　版　社	出版时间
于勇毅	《营销技术：原理、策略与实践》	人民邮电出版社	2020 年
桑文锋	《数据驱动：从方法到实践》	电子工业出版社	2018 年
屈云波	《市场细分：市场取舍的方法与案例》	企业管理出版社	2010 年
宋　星	《数据赋能：数字化营销与运营新实战》	电子工业出版社	2021 年

以下文档可在笔者的微信公众号（营销的左脑，yudigitalmarketing）中下载：

- 《营销数据中台白皮书》
- 《巨量引擎 O-5A 人群资产经营方法论》
- 《数据出境安全评估办法》